LIBRO DE COCINA
hecho con amor

seasonings

© Krista Sansur
Primera edición, 2023

ISBN-13: 979-8851687150
Categoría: No ficción / Libro de cocina
Impreso en Estados Unidos de Norteamérica

Dirección de proyecto: Jessica Holguín
Revisión y corrección: Jairo Mejía Rodríguez - Guancasco Editorial
Diseño y maquetación: Clarissa Gernat
Fotografías: Krista Sansur

DEDICATORIA

Dedicado a nuestro creador, Dios, quien me ha dado las fuerzas para continuar en todo el trayecto de mi vida.

A mis padres Matilde y Nicolás, quienes desde que yo era muy pequeña me enseñaron a hacer todo con mucho amor y dedicación. Siempre compartiendo grandes momentos en familia a través de la cocina.
A mis hermanas, Linda, Leyla y Nicole, que me apoyaron y motivaron a dar lo mejor de mí en el transcurso del camino.
A mis hermanos, Jorge y Jesús, los grandes admiradores de mis platillos.

De forma muy especial, expreso mi mayor gratitud a todas las personas que me acompañaron y me dieron su apoyo incondicional.

La creación de este libro ha sido con el mayor de mis amores para la persona que muchos conocieron como "doña Mimí", mi mayor inspiración y motivación en la cocina.

Krista Sansur

INTRODUCCIÓN

Seasonings, nace a través del amor que, desde muy pequeña, tengo por la cocina. Gracias a mi madre, tuve la oportunidad de descubrir que en una comida preparada existe una gran experiencia si se realiza siempre con el ingrediente más importante, el amor.

Una de las principales razones por las cuales escribo esta obra, es porque soy una aficionada a la comida. Desde siempre supe que en mi primera edición sería en la que compartiría solo algunos de mis platillos favoritos.

MIS MEJORES RECUERDOS

Cocinar con mi mamá y mis hermanas en la cocina. Recuerdo cada minuto que disfrutamos pasando tiempo juntas en la cocina preparando una cantidad de platillos para compartir en familia. Mi mamá, tenía una exquisita sazón en la comida. Poder preparar recetas que nos dejen sabores gratos y placenteros, es el mayor efecto positivo, ya que mejora nuestro estado de ánimo e incentiva un buen tiempo de convivencia.

Mi madre, tenía un don culinario: alegraba el día de cualquier persona por medio de la comida que preparaba. De ella, aprendí a tener un buen sazón por la comida, me enseñó la importancia de que cuando cocinamos debemos tener presente todos los sentidos: gusto, tacto, olfato, vista y oído. De esta, manera podemos manejarlos sabiamente al encontrar el equilibrio perfecto del sabor con la complementación o disminución de los ingredientes, pues tomamos en consideración sus carencias y cualidades excéntricas.

MI PAPÁ, DON NICOLÁS

Fue de buen comer. De él, aprendí a probar diferentes alimentos. Él me enseño, desde muy pequeña, a comer de todo. Siempre fue muy creativo con los alimentos que llevaba a casa, y los preparaba con mi mamá.

Recuerdo que mis hermanos Linda, Jesús, Lulu y yo,

La cocina, siempre fue un lugar muy importante en mi casa, era el lugar donde compartíamos mucho en familia. Aquí, es donde surge la creatividad, nuevos platos, nuevos sabores y todo por un mismo objetivo:

compartir.

éramos quienes solíamos probar toda la comida que nos preparaba, y nos encantaba. Realmente lo disfrutábamos mucho. Mi padre me educó para tener un buen gusto por la comida, percibiendo distintos sabores en los alimentos.

Sentarnos en cualquier momento del día y disfrutar de lo que cocinamos en familia o con amigos, es placentero. El amor tiene una relación significativa e importante con la comida. Es muy cierto el dicho: "Como en casa, no se come en ninguna parte", sobre todo porque hogar, como tal, solo hay uno. Cocinábamos mucho, desayunos, almuerzos, cenas, organizábamos fiestas y celebraciones. Lo que más importaba siempre, era la comida.

Fue ahí donde empezamos a asociar los grandes eventos con un platillo, y ese platillo con lo que nos hizo sentir la experiencia completa.

Por ejemplo, con las largas horas de preparación o en los secretos que lleva ese platillo especial de un desayuno, almuerzo, cena o fecha importante. Todo este esfuerzo nos trae alegría al sentarnos a la mesa y comer todo lo preparado. El agradecimiento de los invitados y "dejar limpio el plato", es lo que nos sabe mejor a quienes lo preparamos. Demostrar amor a través de la comida va más allá de compartir los alimentos con alguien especial.

Alrededor de los alimentos, existen diversos factores por medio de los cuales las personas expresan su cariño. Desde la elección y compra de los insumos para la preparación de la comida, hasta cómo arreglar la mesa. Cada una de estas acciones lleva implícito el amor que se tiene por la persona con quien se va a disfrutar una comida.

El amor por la cocina y la comida, realmente nace en mi familia porque eran esos momentos en los que más nos disfrutamos. Yo respaldo el dicho que dice: "El amor entra por la cocina."
Este proceso comenzó durante la pandemia, en la cual la principal vía para darme a conocer era a través de las redes sociales. Aproveché mucho Instagram. En ese

momento vivía en Madrid y estuve encerrada por mucho tiempo. Para esa temporada, cocinaba bastante y, realmente lo disfrutaba. Con el tiempo, eso me impulsó a crear una marca que refleja mi amor y dedicación por la buena cocina.

La idea de crear este libro de recetas, es para compartir mi pasión por el arte culinario y los conocimientos que he adquirido en los diferentes países que he tenido la oportunidad de vivir. El recetario se ve influenciado por la gastronomía árabe, mexicana y hondureña. En el libro, comparto recetas de platillos árabes que, desde mi infancia, mi madre siempre nos cocinaba y que han marcado mi trayectoria alimenticia. Por otro lado, Honduras se caracteriza por el sabor exquisito que se encuentra en una variedad de platillos deliciosos que me ha cautivado toda mi vida. La gastronomía hondureña es muy variada y me ha inspirado a poder crear diferentes recetas incluidas en este contenido.

Me inspira la forma en la que podemos lograr exquisitos alimentos a través de la combinación de ingredientes. La influencia de origen mexicano viene por mi admiración y afecto al país, en particular a su gastronomía, ya que es deliciosa, única y, además, internacionalmente muy bien valorada.

Existen diferentes maneras de dar y expresar el sentimiento de amor. Para mí, es mediante la preparación de comida, y ver cómo las personas a mi alrededor disfrutan de cada bocado de los platillos que preparo.

Podrás observar a lo largo del libro, desde las recetas hasta las fotografías, que cada una lleva toda mi dedicación, esfuerzo y amor, ya que llevan un fragmento especial de mi vida.

Para poder preparar estas recetas sin ninguna dificultad encontrarás los ingredientes en cualquier supermercado. Mi intención ha sido quedarme en lo simple pero verdaderamente sabroso, sin la necesidad de integrar procesos o ingredientes complicados.

El propósito de este libro es poder compartir contigo mi pasión por la comida, y que me permitas ser parte del día a día a través de recetas que podrás preparar en casa para disfrutar con la familia y amistades. Así mismo, va orientado a cambiar la perspectiva de algunas personas que piensan que cocinar es complicado, pero aquí encontrará recetas bastante fáciles de hacer con ingredientes sencillos y con un tiempo de preparación corto. Espero que te gusten mis recetas y que siempre disfrutes todo lo que comes, pues comer es un arte.

diviértete y disfruta

العجينة : ١ باكيت مرجرين ... ١ ملعقة.
٢ ١ كاس طحين + B.P. ملعقة Tablesp.
٢ " سكر بني ٣ بيض + la

الحشوة : ٢ باكيت جوز مقطعة ١ كاس
١ كاس ماء + قرفة ٢ "

١. حضري الحشوة أولاً :
٢. ضعي العجوة + السكر + الماء على نار هادئة حتى ...
... ارفعيه عن النار .. أضيفي إليه الجوز + القرفة ...

٢. حضري العجينة :
٢. اخفقي المرجرين + السكر ثم البيض + Vanilla
اخلطي الطحين + الملح + القرفة + B.P. ثم أض...
إلى الخليط السابق وعجني ..
قطعيها إلى اجزاء متساوية وازكلي ترتاح ..

٣. رقي كل جزء من العجينة لوحدها ثم صعي فيه الح...
ولفيه مثل Roll مسدس . غطي كل جزء بـ...
في Freezer مدة ٢ ساعات او اكثر ...

٤. قطعيها قبل الخبز بسكين حادة وسه ثم صفيرك في الفرن .

... بسكوت ويضعونا على العجوة وجوز ...

_____

كاس ..... زيت مشمع ...... ٢ ..... بيض
.... طحينه Zero .... ١ بكيت .... عجوة
غم ..... B.P. + ... جوز .... رش ..

• يخلط الطحينه + الملح + B.P. + الزيت + البيض

• يعجن بالماء الدافئ حتى تصبح العجينة سهلة

٭ يجب أن لا تكون العجينة جامدة قابلة للرق

• تقسم العجوة مكعبات وتوضع على نار هادئة
نرفعها + كاس ماء حتى تصبح كالمربى ..
تنزل عنه الماء وتترك حتى تبرد

• ترق العجينة .. ثم تفرد عليها العجوة والجوز

• تلف على شكل رولات (Roll مفرده Swiss) وتقطع

• توضع في الفرن وتخبز .. تقدم باردة !

índice

"Si haces tu mejor esfuerzo todos los días, seguro que te *llegarán cosas buenas.*"

desayunos

SOPES
con tinga de pollo

Los sopes son tortas gruesas preparadas con harina de maíz, generalmente de ⅓ a ½ pulgada de espesor, crujientes por fuera y suaves por dentro, originalmente encontradas en el centro de México. Son perfectos para el desayuno . Tienen un sabor similar a la cobertura de maíz en los tamales. Sin embargo, el aceite de fritura y la sal les dan un poco más de sabor y una textura crujiente deslumbrante. La receta consiste en una deliciosa mezcla de pollo con la que se rellena el sope y luego se cubre con una salsa de tomate y chipotle suave-picante a la vez, frijoles refritos, crema, queso y muchos ingredientes más.

INGREDIENTES

PARA LA TINGA DE POLLO:
- 1 cucharada de aceite de oliva
- 1 taza de cebolla dulce picada gruesa
- 2 dientes de ajo picados
- 1–2 chiles chipotles en salsa de adobo, picados
- 1 cucharadita de orégano seco
- ½ cucharadita de comino molido
- ¾ taza de tomates asados al fuego, triturados enlatados
- ¼ taza de caldo de pollo
- ½ cucharadita de sal
- 3 tazas de pollo cocido desmenuzado

PARA LOS SOPES:
- 2 tazas de harina de maíz
- ½ cucharadita de sal
- 1 ½ taza de agua tibia
- Aceite para freír
- Frijoles fritos

PARA SERVIR:
- Cilantro
- Crema
- Queso fresco
- Lechuga iceberg picada
- Rábano en rodajas
- Tomatillos
- Cebolla morada

INSTRUCCIONES

PARA EL POLLO:

1. Calentar una sartén grande a fuego medio. Una vez caliente, agregar el aceite y la cebolla. Saltear durante 4 minutos o hasta que estén tiernos, revolviendo ocasionalmente. Adicionar el ajo y cocinar por 30 segundos más. Incorporar los chipotles, el orégano y el comino, y tostar por 1 minuto. Añadir los tomates, el caldo y la sal. Llevar a fuego lento y cocinar durante 7 minutos.

2. Colocar la mezcla de tomate en una licuadora regular o de alta potencia y mezclar hasta que quede suave.

3. Regresar la salsa mezclada a la sartén a fuego lento. Agregar el pollo y cocinar por 5 minutos. Probar y poner más sal si es necesario.

PARA LOS SOPES:

1. En un tazón mediano, mezclar la harina para masa y el agua con las manos. Una vez combinado, amasar hasta que la masa forme una bola suave.

2. Calentar una sartén o plancha grande a fuego medio-alto. Partir la masa en 6 círculos planos.

3. Cocer la masa, volteándola con frecuencia, hasta que esté ligeramente dorada, unos 5 minutos.

4. Una vez que la masa esté cocida, darle forma a los sopes pellizcando los lados hacia arriba para formar una pared alrededor del borde. Poner a un lado para enfriar.

5. Calentar el aceite de maíz en una sartén grande y profunda a fuego alto.

6. Una vez que el aceite esté caliente, freír los sopes, salteándolos con frecuencia, hasta que estén dorados, unos 5 minutos. Escurrir los sopes en toallas de papel o en una rejilla.

7. Para servir, rellenar los sopes con frijoles refritos, tinga de pollo, lechuga iceberg, cebolla morada, tomate picado, rábano, crema, cilantro y queso fresco.

Disfrutar

TACOS
de huevo con camote

Los tacos de huevo, tocino y camote dulce, es una receta muy satisfactoria y deliciosa. El tocino y los huevos son la combinación perfecta para el desayuno, pero la adición de camote cortado en cubitos le da un toque de dulzura a los tacos. El queso cheddar y Jack se derriten en los huevos mientras se revuelven. Para finalizar, los tacos se cubren con cilantro y más queso. Se sirven con su salsa favorita.

INGREDIENTES

- 6 tortillas de harina o maíz
- 2 cucharadas de aceite de oliva
- 1 cucharada de mantequilla amarilla
- 2 tazas de camote cortadas en cubitos de ¼ de pulgada
- 1 pizca de comino
- 8 huevos grandes
- 1 taza de tocino cocinado picado
- ¼ taza de leche
- ¼ cucharadita de sal
- ⅛ cucharadita de pimienta
- ½ taza de queso *cheddar* y Jack rallados
- Cilantro fresco

INSTRUCCIONES

1. Calentar el aceite de oliva en una sartén a fuego medio-alto. Agregar las papas y cocinar, revolviendo ocasionalmente, hasta que estén doradas y tiernas, aproximadamente 8 minutos. Reservar en un plato hondo a un lado. En la misma sartén, cocinar el tocino moviéndolo repetidamente hasta que esté cocinado. Toma alrededor de 5-7 minutos.

2. Mezclar los huevos, la leche, la sal y la pimienta. Añadir el camote a la sartén y mezclarlo con el tocino. Condimentar con sal, pimienta y comino una vez. Verter los huevos sobre las papas en la sartén. Cocinar, tirando suavemente de los huevos hacia el centro de la sartén. Adicionar una cucharada de mantequilla amarilla a los huevos. Cuando los huevos estén casi listos, retirarlos del fuego y cubrir con el queso. Tapar la sartén hasta que el queso se haya derretido.

3. Servir los huevos y las papas sobre las tortillas de harina. Cubrir con cilantro.

CHILAQUILES
de pollo con salsa de frijoles

Esta receta de chilaquiles, definitivamente es una de mis favoritas. Una salsa cremosa de frijoles y tomate que se combinan con las especias adecuadas, cubre las tortillas de maíz, con un sabor picante y ahumado a la vez. Los puedes servir con un huevo frito encima o bistec. Funcionan como una gran opción para un delicioso desayuno cargado de muchos sabores. El pollo bañado en salsa roja estilo mexicano con tortillas de maíz, queso fresco, aguacate, cilantro y crema.

INGREDIENTES

PARA LA SALSA:
- 1 lata de frijoles negros
- 200 gramos de chorizo, de su elección
- 1 lata de tomates triturados
- ½ jalapeño verde
- ½ cebolla blanca
- 1 cucharada de ajo en polvo
- 1 cucharada de limón
- 1 cucharada de cebolla en polvo
- 1 cucharada de orégano seco
- 1 taza de caldo de pollo
- 1 cucharada de azúcar morena
- Sal y pimienta al gusto

PARA EL POLLO:
- 4 tazas de pollo desmenuzado
- 1 cucharada de aceite de oliva
- 4 dientes de ajo picados
- 2 cucharadas de chiles chipotles adobados picados
- 1 cucharada de salsa de adobo o al gusto
- ½ taza de caldo de pollo
- 1 cucharadita orégano seco
- 1 cucharadita de comino seco
- Sal y pimienta al gusto
- ½ cucharadita cilantro seco
- 1 cucharadita de pimentón ahumado
- 1 lata de tomates triturados

INSTRUCCIONES

PARA LA SALSA:

1. En una sartén, agregar aceite de oliva, jalapeño, tomate y cebolla. Cocinar por 5-7 minutos. Dejar a un lado.

2. En la misma sartén, añadir el chorizo, revolviendo con una espátula y cocinar hasta que comience a dorar.

3. Incorporar la lata de frijoles, tomate, jalapeño, cebolla, ajo en polvo, cebolla en polvo, orégano seco, azúcar morena, caldo de pollo, sal y pimienta al gusto.

4. Cocinar por 4-6 minutos a fuego medio, tapado.

5. Una vez se haya cocinado, transferir toda la mezcla y licuar hasta que se forme una salsa cremosa. Condimentar con sal, pimienta y azúcar morena para darle un toque dulce si es necesario.

PARA EL POLLO:

1. Calentar el aceite en una sartén grande a fuego medio.

2. Una vez caliente, agregar el ajo y saltear durante 30 segundos. Sumar todos los ingredientes restantes excepto el pollo. Llevar a fuego lento y cocinar durante 5 minutos (chiles chipotles adobados, salsa de adobo, caldo de pollo, orégano seco, comino, cilantro, pimentón, lata de tomates, sal y pimienta al gusto).

3. Transferir la mezcla de tomate a una licuadora y licuar hasta que quede suave, teniendo cuidado de dejar escapar parte del vapor para evitar que explote.

4. Regresar la salsa a la sartén y agregar el pollo. Calentar a fuego lento durante 3-5 minutos. Probar y sazonar con sal, pimienta o chipotles picados adicionales. Adicionar 1 cucharadita de azúcar si lo desea para suavizar la acidez de los tomates.

PARA LOS CHILAQUILES:

1. Una vez esté listo el pollo, la salsa y las tortillas. Verter sobre una cacerola grande de fondo grueso las tortillas y la salsa con el pollo. Dejar tapado y cocinar a fuego lento por 8 minutos. Revolver regularmente.

2. En otra sartén, rociar aceite y freír los huevos. Sazonar con un poco de sal y repetir el proceso dependiendo de la cantidad de huevos que utilice.

3. Incorporar los huevos a los chilaquiles y dividirlos en platos o servir directamente de la sartén y decorar con queso fresco, el aguacate, los rábanos, la crema y el cilantro. Servir con gajos de limón adicionales a un lado.

CAZUELA
hondureña

Esta cazuela hondureña, es un platillo de huevos escalfados en la que se le agrega frijoles, plátano y chorizo a la salsa de tomate para obtener una base rápida, llena de deliciosos sabores. El tomate se sazona con especias y, una vez que el plato se acaba de cocinar, todo se cubre con queso cremoso y aguacate fresco. La belleza de esta receta es que se adapta a los ingredientes que tienes a mano, para que puedas disfrutar del delicioso sabor de la auténtica cocina hondureña. Es ideal para un desayuno o compartir un brunch en familia o amigos.

INGREDIENTES

- 1 cucharada de salsa inglesa
- 227 gramos de pasta de tomate
- 1 lata (28 oz) de tomate triturado
- 2 tazas de frijoles enteros cocidos
- 3-4 huevos
- 1 pizca de azúcar morena
- 2 tazas de plátanos maduros cocidos
- 2 tazas de chorizo picado
- 1 cebolla morada picada
- 1 diente de ajo picado
- ½ taza de chile dulce picado
- Aceite de oliva
- Sal y pimienta
- 1 pizca de ajo en polvo
- 1 cucharada de mantequilla sin sal

PARA SERVIR:
- Cilantro
- Queso fresco
- Crema
- Aguacate
- Pan o tortillas

INSTRUCCIONES

1. En una sartén grande de fondo grueso, rociar aceite de oliva, ajo, cebolla, chile dulce y chorizo. Verter una cucharada de salsa inglesa e ir revolviendo de a pocos durante los 5-7 minutos. Agregar la lata de tomate y la pasta de tomate. Dejar cocinar por 10 minutos. Revolver y agregar una pizca de sal y una pizca de azúcar morena.

2. Una vez esté cocido el chorizo, añadir los frijoles y el plátano. Condimentar con una pizca de sal, pimienta y ajo en polvo. Revolver con una espátula.

3. Tapar y dejar a fuego lento por 10 minutos. Sumar una cucharada de mantequilla amarilla sin sal, revolver y volver a tapar.

4. Mientras se cocinan los frijoles, adicionar 3-4 huevos y dejar tapado por otros 10 minutos hasta que se cocinen.

5. Cuando estén listos los huevos servir inmediatamente desde la sartén o dividir en platillos agregando queso fresco, cilantro, crema, aguacate, pan o tortillas.

SHAKSHUKA
mediterránea

Shakshuka es una receta fácil y saludable para el desayuno (o para cualquier momento del día) en Israel, otras partes del Medio Oriente y África del Norte. Es una combinación simple de tomates, cebollas, ajo, especias y huevos escalfados a fuego lento. Es nutritivo, abundante y una receta que te garantizo que harás una y otra vez. Esta es una de mis comidas favoritas entre semana. La salsa de tomate especiada con berenjena, garbanzos y acelgas es la cama perfecta para los huevos horneados que se cubren con queso feta cremoso y perejil. Las especias del shakshuka pueden variar, pero comúnmente encontrarás pimentón, comino y chile en polvo, junto con ajo fresco. ¡Combínalo con un poco de pita o pan crujiente y tendrás una comida increíble en unos minutos!

INGREDIENTES

- 2 cucharadas de aceite
- 1 cebolla amarilla pequeña, finamente picada
- 4 dientes de ajo
- 2 tazas de berenjena, pelada y picada
- 1 lata (28 oz) de tomates triturados
- 1 taza de tomates *cherry* partidos a la mitad
- 2 cucharaditas de comino molido
- ⅛ cucharadita de pimienta de cayena
- ⅓ taza de pasta de tomate
- 1 taza de pimientos rojos picados
- ½ taza de aceitunas verdes sin hueso, picadas en trozos grandes
- 4 a 6 huevos
- 1 cabeza de acelga, picada
- 1 lata (14 oz) de garbanzos, escurridos y enjuagados

PARA SERVIR:
- ⅓ taza de queso feta
- ¼ taza de perejil fresco, picado
- Rebanadas de *crostini* al gusto

INSTRUCCIONES

1. Rociar aceite en una sartén de hierro fundido de 10 o 12 pulgadas y calentar a fuego medio-alto.

2. Agregar la cebolla, el pimiento y el ajo y cocinar, revolviendo ocasionalmente, hasta que las verduras se ablanden, aproximadamente 3 minutos. Añadir la berenjena y saltear hasta que estén doradas, aproximadamente de 5 a 8 minutos. Adicionar la lata de tomates, el comino, la pimienta de cayena, el chile en polvo y la sal marina. Dejar hervir por completo.

3. Anexar las hojas de acelgas picadas, las aceitunas y los garbanzos. Cubrir y cocinar hasta que la acelga se haya marchitado, aproximadamente de 2 a 3 minutos. Incluir los tomates *cherry* y tapar por 3 minutos.

4. Revolver y cavar 4 pocillos en la mezcla de *shakshuka*. Romper los huevos en los pocillos. Reducir el fuego a medio-bajo. Cubrir y cocinar hasta que las claras de huevo se hayan asentado, aproximadamente de 10 a 15 minutos.

5. Espolvorear con queso feta y perejil fresco. Servir con pan tostado.

Disfrutar

TOSTADAS
francesas de churro, rellenas de Nutella

Las tostadas francesas de churro, equivalen a rebanadas gruesas de pan brioche empapadas en una mezcla de leche, huevo y mantequilla, fritas a la perfección, para luego recubrirlas de azúcar con canela, rellenarlas de exquisita Nutella y acompañarlas con dulces fresas. La mezcla de churros y Nutella es lo mejor. Si te encanta un gran desayuno abundante, entonces esta receta debe agregarse a tu menú.

INGREDIENTES

PARA LAS TOSTADAS FRANCESAS:
- 4 rebanadas de pan grueso; recomiendo el pan *brioche*
- 2 huevos
- ¼ taza de leche
- 1 cucharadita de canela molida
- 1 cucharadita de extracto de vainilla
- 1 cucharadita de azúcar
- 4-6 cucharadas de Nutella

PARA EL REVESTIMIENTO:
- 4 cucharadas de azúcar blanca
- 4 cucharadas de canela

INSTRUCCIONES
PARA LAS TOSTADAS FRANCESAS:

1. Batir los huevos y la leche junto con la canela, el extracto de vainilla y el azúcar en un plato ancho y poco profundo.

2. Hacer una abertura al pan y rellenarlo de Nutella. Remojar las tostadas en el huevo batido. Calentar una sartén con 1 cucharadita de mantequilla. Freír los sándwiches empapados en huevo a fuego medio-bajo, por ambos lados hasta que estén dorados.

3. En un plato hondo, mezclar el azúcar y la canela. Luego, presionar las tostadas francesas hasta que se cubran como un churro. Servir con 1 cucharada de crema batida, fresas y más Nutella.

CAZUELA
de croissant y fresas

Esta cazuela de tostadas francesas combina croissants hojaldrados y mantecosos, con fresas dulces y jugosas. Se rellena con queso crema dulce que se equilibra con las fresas. Todo se combina con una mezcla de huevo, se hornea y luego se cubre con jarabe o miel. Es mejor usar croissants del día anterior, si es posible; de esa manera absorberán un poco mejor la crema, para luego inflarse y tener una mejor textura que no esté demasiado empapada. Se puede hacer fácilmente la noche anterior, lo cual es genial cuando quieres tener algo listo a primera hora de la mañana: simplemente mételo en el horno por la mañana y todo lo que tienes que hacer es poner la mesa y disfrutar.

INGREDIENTES

PARA LA MEZCLA DE HUEVO:
- 1 taza de leche
- 1 cucharada de canela
- 6 huevos
- 2 cucharadas de miel
- 1 cucharadita de extracto de vainilla
- 1 cucharada de azúcar
- 1 cucharada de mantequilla amarilla
- 3 cucharadas de queso crema

PARA EL RELLENO:
- 8 onzas de queso crema
- 1 cucharadita de extracto de vainilla
- ¼ taza de azúcar
- 8 *croissants*
- 2 tazas de fresas partidas a la mitad
- 1 cucharadita de canela

INSTRUCCIONES

1. Precalentar el horno a 375 grados. Cortar la parte superior de tus *croissants* a lo largo. Asegurarse de no cortar los *croissants* por la mitad. El objetivo es crear un bolsillo en su lugar. Mezclar el queso crema, el azúcar y la vainilla. Reservar a un lado.

2. Batir los huevos, la leche, la miel, la vainilla, el azúcar, la mantequilla, el queso crema y la canela. Reservar a un lado y utilízalo para el último paso.

3. Rellenar los *croissants* con la mezcla del relleno. Agregar en una fuente para horno y espolvorear las fresas. Verter la mezcla de huevo sobre los *croissants* y cubrir con papel de aluminio.

4. Hornear durante 20 minutos tapado, luego 10 minutos sin tapar. Rociar con miel, azúcar pulverizada, y más fresas.

CROQUE PEPE

Una mezcla de sándwich entre croque monsieur y croque madame, el croque pepe está hecho con una salsa bechamel deliciosa y sabrosa que presenta una combinación de quesos. Está hecho con pan de masa madre suave, queso gruyer, queso parmesano y jamón ahumado. Este es un plato que todos los amantes de los sándwiches de huevo deben probar y es el desayuno reconfortante definitivo.

INGREDIENTES

- 4 rebanadas de una masa madre blanca o blanco crujiente
- 20 gramos de mantequilla derretida
- 1 cucharadita de mostaza Dijon
- 100 gramos de gruyer rallado
- 100 gramos de queso parmesano rallado
- 4 lonchas finas de jamón ahumado grande

SALSA BECHAMEL:

- 125 mililitros de leche
- 2 hojas de laurel
- 1 cebolla pequeña picada
- 125 mililitros de crema de leche
- 75 gramos de mantequilla
- 20 gramos de harina común
- 1 cucharadita colmada de mostaza Dijon
- 1 cucharadita nuez moscada fresca, rallada
- 75 gramos de queso *gouda*
- 75 gramos de queso gruyer

INSTRUCCIONES

PARA LA SALSA BECHAMEL:

1. Mezclar la leche, la crema de leche, el ajo, las hojas de laurel y la cebolla en una cacerola pequeña a fuego medio. Calentar hasta que casi hierva. Luego, apagar el fuego y dejar reposar durante 10 minutos. Pasar el líquido por un colador y desechar el laurel y la cebolla.

2. Derretir la mantequilla con la harina en otra sartén y cocinar a fuego suave hasta que huela a galleta. Es necesario cocinar bien la harina con la mantequilla. Verter gradualmente la leche tibia y hervir suavemente, revolviendo regularmente para que no se hagan grumos. Luego, adicionar la mostaza Dijon, un poco de nuez moscada rallada fresca, sal y pimienta.

3. Debe ser una deliciosa salsa espesa y cremosa con un sabor profundo. Es necesario cocer bien la salsa bechamel. Incorporar gradualmente el queso gruyer y *gouda*. Revolver y dejar que se cocine a fuego lento por 5-7 minutos. (Si la salsa es demasiado espesa, agregar un poco de leche). Agregar sal al gusto.

PARA EL SÁNDWICH:

1. Untar mantequilla derretida a las rebanadas de pan.

2. Colocar en una bandeja para hornear y tostar un lado debajo de una parrilla, con la mantequilla hacia arriba, hasta que estén dorados. Sacarlos y calentar el horno a 250 grados.

3. Dar la vuelta al pan y untar cada rebanada con una fina capa de Dijon y mayonesa, seguida de una capa de bechamel.

4. Cubrir la salsa con queso gruyer, parmesano rallado y luego con 2 lonchas de jamón ahumado. Formar las rebanadas en dos sándwiches, extender una capa delgada de salsa sobre la rebanada superior y espolvorear más gruyer y parmesano encima.

5. Poner los sándwiches en el horno y hornear durante 10-15 minutos o hasta que estén dorados.

6. En una sartén, rociar aceite y cocinar dos huevos estrellados en su punto de elección. Toma 2-3 minutos. Condimentar con sal y pimienta.

7. Sacar los sándwiches del horno, agregar el huevo encima de cada uno, y más salsa.

BAGELS
con *dip* de queso crema

Los bagels de queso crema y salmón ahumado son el desayuno perfecto. Cargados con un delicioso dip de queso cremoso con hierbas y alcaparras que también es increíble para guardar en el refrigerador para minibagels y desayunos rápidos entre semana o una cura rápida para el hambre de la tarde.

INGREDIENTES
- 12 onzas de queso crema
- 2 cucharadas de eneldo fresco picado
- 2 cucharadas de alcaparras picadas
- ¼ cucharadita de ajo en polvo
- ¼ cucharadita de cebolla en polvo
- ¼ cucharadita de sal y pimienta
- 1 cucharada de mayonesa
- 1 cucharada de aceite de oliva
- 2 cucharadas de cebollino picado
- 2 cucharaditas de tomillo
- 1 ramita de romero picada
- 2 cucharaditas de perejil picado
- Jugo de un 1 limón

PARA ACOMPAÑAR:
- 6 *bagels* o 12 *minibagels*
- Salmón ahumado
- Rodajas de tomate *cherry*
- Pepino
- Cebolla roja
- Tomate
- Alcaparras
- Eneldo fresco
- Huevo

INSTRUCCIONES

1. En un tazón mediano, mezclar el queso crema, el eneldo, las alcaparras, el ajo en polvo, la cebolla en polvo, la sal, la pimienta, la mayonesa, el aceite de oliva, el cebollino, el tomillo, el romero, el perejil y el jugo de limón. Revolver hasta que estén bien mezclados.

2. Si se desea, pueden tostarse los *bagels*. Untar con el *dip* de queso crema y acompañar con los ingredientes favoritos, como tomate, pepino, cebolla roja, alcaparras, salmón ahumado, huevo y eneldo.

Disfrutar

PANQUEQUES
con compota de frutos rojos

⏱ Preparación 10 min
Cocción 30 min
Tiempo total 40 min
👤 4 porciones

Los panqueques de suero de leche son los más clásicos y deliciosos. Son esponjosos, ligeramente endulzados y con una miga fina. Están cubiertos con un poco de mantequilla, miel de maple y una compota triple de frutos rojos. Al mezclar todo, tenemos la combinación perfecta para un desayuno o un brunch para compartir en familia o con amigos. Para esta receta, me inspiré mucho en mi hermana Linda.

INGREDIENTES

PARA LA COMPOTA DE FRUTOS ROJOS:

- 3 tazas de frutas rojas mixtas picadas, lavadas y secas (fresas, arándanos y frambuesas)
- 2 cucharadas de jugo de limón
- ½ cucharadita de extracto de vainilla
- ½ taza de azúcar

PARA LOS PANQUEQUES:

- 2 ½ tazas de harina para todo uso (310 g)
- 3 cucharadas de azúcar
- 2 cucharaditas de sal
- 1 cucharadita de polvo de hornear
- 1 cucharadita de bicarbonato de sodio
- 2 ½ tazas de suero de leche (600 ml)
- 8 cucharadas de mantequilla sin sal, 1 barra derretida
- 2 huevos, claras y yemas separadas
- 1 cucharada de mantequilla sin sal, y más para servir
- Miel de maple para servir

PARA EL SUERO DE LECHE:

- 1 taza escasa de leche entera o al 2%, o crema espesa
- 1 cucharada de jugo de limón recién exprimido o vinagre blanco destilado

INSTRUCCIONES

PARA EL SUERO DE LECHE:

1. En una taza medidora, combinar y revolver la leche o la crema y el ácido.

2. Dejar reposar la mezcla a temperatura ambiente durante 5 a 10 minutos. Cuando esté lista, la leche estará ligeramente espesa y verás pequeños trocitos cuajados. Este sustituto no se volverá tan espeso como el suero de leche regular, pero tampoco notarás los trozos cuajados en su receta terminada.

PARA LA COMPOTA DE FRUTOS ROJOS:

1. En una cacerola mediana, combinar las frutas, el jugo de limón y el extracto de vainilla y cocinar a fuego medio. Reducir el fuego a bajo y cocinar a fuego lento, revolviendo ocasionalmente, hasta que las bayas estén tiernas y jugosas, aproximadamente 10 minutos.

2. Agregar el azúcar y continuar cocinando otros 10 minutos, hasta que la salsa se haya espesado un poco.

3. Mantener caliente mientras hace los panqueques.

PARA LOS PANQUEQUES:

1. En un tazón grande, combinar la harina, el azúcar, la sal, el polvo de hornear y el bicarbonato de sodio.

2. En un tazón mediano o una taza medidora de líquidos, mezclar el suero de leche, la mantequilla derretida y las yemas de huevo.

3. Anexar la mezcla de suero de leche a los ingredientes secos y revolver suavemente con una espátula de goma hasta que se combinen.

4. Agregar las claras de huevo y doblar hasta que se incorporen. Se debe procurar no mezclar demasiado. Algunos bultos están bien.

5. Dejar reposar la masa durante 15-30 minutos a temperatura ambiente.

6. Calentar la mantequilla a una sartén de hierro fundido a fuego medio bajo. Una vez que la mantequilla se haya derretido y esté burbujeando, reducir el fuego a medio-bajo y sumar ⅓ de taza (75 gramos) de masa a la sartén.

7. Cocinar durante 2-3 minutos, hasta que comiencen a aparecer burbujas en la superficie. Voltear el panqueque y cocinar por otros 1-2 minutos, hasta que esté dorado. Repetir con la masa restante.

8. Servir tibio con salsa de frutos rojos, frutos rojos frescos, mantequilla amarilla y miel de maple como adición.

entradas

CREMA
de zucchini

🕐 Preparación 10 min
Cocción 30 min
Tiempo total 40 min
👤 4 porciones

Esta crema de zucchini es cremosa, sabrosa y muy fácil de preparar. Es una crema hecha a base de zucchini, la textura natural al estar cocido se funde en una sopa espesa y sedosa. Vale la pena los minutos adicionales para saltear las cebollas hasta que estén doradas por el sabor extra que agrega. Cubre la sopa con una pizca de queso parmesano que es un excelente toque final. Y para acompañar prueba con unos deliciosos crostini.

INGREDIENTES

- 3 libras de *zucchini* en cuartos
- 1 cebolla blanca picada
- 2 dientes de ajo picados
- 4 tazas de caldo de pollo o de vegetal
- ¾ de mantequilla amarilla
- 1 cucharadita de condimento italiano
- ½ taza de queso parmesano rallado
- 1 taza de crema espesa
- Sal y pimienta al gusto

INSTRUCCIONES

1. Calentar el aceite en una olla grande a fuego medio alto. Sofreír el ajo y la cebolla durante 3 a 4 minutos hasta que estén ligeramente dorados. Condimentar con el condimento italiano, una pizca de sal y pimienta. Agregar la mantequilla y revolver con la cebolla y el ajo. Incorporar el *zucchini* y el caldo.

2. Llevar a ebullición, luego tapar y reducir el fuego a medio. Cocinar durante 15 a 20 minutos o hasta que el *zucchini* esté muy suave.

3. Usar una batidora de mano para batir hasta que quede suave. Agregar la crema y el queso parmesano. Revolver y condimentar con sal y pimienta al gusto.

4. Presentar en tazones. Esparcir encima un toque de crema si lo deseas, una pizca de queso parmesano rallado y más pimienta. Servir caliente o a temperatura ambiente.

Disfrutar

CREMA
de tomate y pimientos asados

Pimientos rojos asados, tomates, cebollas y ajo, son la base de esta cremosa y deliciosa sopa llena de sabor que es tan fácil de preparar en pocos minutos. Un acompañamiento perfecto con sándwiches, ensaladas y muchos platos más. Es perfecta para una cena acogedora y saludable entre semana. Esta sopa es una de mis favoritas. Es una cena abundante que generalmente dura hasta unos días en el refrigerador.

INGREDIENTES

- 1 pimiento rojo
- 6 tomates grandes sin la piel
- 2 cucharadas de aceite de oliva
- 2 cucharadas de mantequilla amarilla
- 1 cebolla amarilla mediana, cortada en cubitos
- Sal y pimienta al gusto
- 4 dientes de ajo
- 2 cucharadas de pasta de tomate
- 1 cucharadita de hojuelas de pimiento rojo triturado (opcional)
- 1 taza de albahaca fresca picada
- 8 ramitas picadas de tomillo fresco, hojas recogidas del tallo
- 1 ½ cucharada de azúcar
- ¼ taza de crema espesa, calentada hasta hervir
- 2 tazas de caldo de pollo
- 1 de cucharadita de pimienta de cayena. Aumenta la cantidad para obtener más picante (opcional)

PARA SERVIR:
- Pan con ajo
- Sándwich de queso
- Albahaca fresca
- Crema blanca

INSTRUCCIONES

1. Precalentar el horno a 350 grados. Cortar los tomates en 6 gajos y colocarlos en la bandeja para hornear. Picar el pimiento en cubitos y mezclar con los tomates. Incluir los ajos. Rociar con aproximadamente 2 cucharadas de aceite de oliva y condimentar con sal y pimienta al gusto. Hornear durante 20 a 25 minutos, o hasta que los tomates y el pimiento estén bien asados con un poco de carbonización en la parte superior.

2. Agregar 2 cucharadas de mantequilla amarilla. Añadir la cebolla picada. Luego, revolviendo periódicamente, saltear hasta que esté dorada.

3. Incorporar a la sartén la cebolla, la pasta de tomate revolviendo periódicamente, las hojuelas de pimiento rojo triturado, la albahaca, el tomillo, el azúcar, la crema y revolver. Condimentar con un poco de sal y pimienta al gusto. Verter el caldo de pollo y llevar a ebullición por 10 minutos.

4. Una vez las verduras estén asadas, agregar a la sartén la cebolla y con una batidora de mano batir hasta que quede una especie de crema espesa. Agregar un poco más de agua y crema si es necesario. Revolver y condimente con sal y pimienta al gusto. Dejar hervir por 5-7 minutos más.

5. Servir en tazones. Esparcir encima un toque de crema blanca si lo desea, una pizca de albahaca fresca y pan con queso. Servir caliente o a temperatura ambiente.

AGUACHILE
de camarones

El aguachile, es un plato mexicano de mariscos que es esencialmente un ceviche hecho con camarones y/o vieiras, que se marinan en jugo de limón y se sirven en un adobo de chile y especias, generalmente adornado con pepino. Al igual que con el ceviche, el jugo de limón ácido cocina los camarones y les impregna su sabor agrio y adictivo. Además de los mariscos anteriores, se puede optar por incluir otro pescado blanco. Es un plato fresco y brillante, que se sirve mejor frío, con un buen nivel de especias y unas tostadas para acompañar.

INGREDIENTES

- 1 libra de camarones frescos, crudos, pelados, desvenados y cortados por la mitad a lo largo
- 1 pepino
- 2 tazas de jugo de limones; dependiendo del tamaño, alrededor de 8
- Sal al gusto
- 1 cebolla roja pequeña cortada en juliana
- 1 cucharadita de vinagre blanco
- 1 taza de agua
- 1 cubito Maggi
- ½ taza de jugo de limón reservado para cocinar los camarones
- 2 cucharadas de salsa de soya
- 3 dientes de ajo picados
- ¾ taza de cilantro fresco
- 1 chile jalapeño grande picado
- 1 pepino entero sin la piel

GUARNICIÓN PARA EL AGUACHILE:

- 1 aguacate partido en lascas finas
- 1 pepino mediano pelado y sin semillas, cortado en medias lunas
- 3 rábanos en rodajas finas
- 1 jalapeño en rodajas
- Cilantro fresco picado
- Hojuelas de chile rojo
-

PARA SERVIR:

- Frituras de tortillas o galletas soda

INSTRUCCIONES

1. Colocar los camarones en un tazón y bañar con 1 taza de jugo de limón fresco, suficiente para cubrir completamente los camarones. Usar más según sea necesario. Agregar sal al gusto y dejar que el jugo de limón cueza los camarones durante 30 minutos. Los camarones se pondrán de color rosa.

2. Mientras se cocinan los camarones, incluir la cebolla roja a un tazón. Verter el vinagre y suficiente agua para cubrir las cebollas. Remojar hasta que esté listo para usar.

3. Adicionar la ½ taza de jugo de limón reservado, salsa soya, ajo, cilantro, jalapeño, pepino, un cubito Maggi, sal y pimienta al gusto en un procesador de alimentos. Procesar hasta que quede suave.

4. Añadir los camarones con el jugo de limón restante a un tazón para servir. Sumar el adobo de aguachile encima. Arropar con la cebolla roja, pepinos, chiles, aguacate y rábanos. Tapar y refrigerar por lo menos 30 minutos para que se enfríe.

5. Cubrir con cilantro fresco. Espolvorear con hojuelas de chile rojo. Servir frío con frituras de tortillas o galletas soda.

CEVICHE
de pescado con coco

Este ceviche de pescado con coco, es una receta muy sabrosa y fresca. Al preparar esta receta, logramos un ceviche fácil de hacer, sabroso y fresco. Lo mejor de todo es la combinación de sabores que se siente al probar este delicioso platillo, que es ideal para cualquier noche o tarde de verano. Con pescado fresco, leche de coco refrescante, jugo de limón que le da ese toque ácido y especias. ¡Arregla tu emplatado sirviéndolo en un coco, o simplemente sírvelo en un tazón y a disfrutar!

INGREDIENTES

- 1 libra de pescado blanco muy fresco. Recomiendo el *bass* cortado en dados de ½ pulgada
- 2 dientes de ajo, picados
- ½ taza de cebolla morada picada
- 1 chile rojo finamente picado
- 1 cucharada de vinagre blanco
- Sal y pimienta al gusto
- 1 taza de leche de coco
- ½ de agua de coco
- ¾ taza de jugo de limones frescos (aproximadamente 9 limones)
- ¼ taza de jugo de piña
- ¼ taza de hojuelas de coco sin azúcar
- ⅓ taza de cilantro picado, y más para servir

GUARNICIÓN PARA EL CEVICHE:
- Rodajas de limón, para servir (opcional)
- Aguacate cortado en cubitos, para servir (opcional)
- Tajadas de plátano verde o galletas soda, para servir (opcional)

INSTRUCCIONES

1. Colocar el pescado en un recipiente hondo. Añadir suficiente jugo de limón para cubrir el pescado. Condimentar con sal y pimienta al gusto. Refrigerar por 30 minutos o hasta que esté cocido. Verter el vinagre y suficiente agua para cubrir las cebollas. Remojar hasta que esté listo para usar.

2. Una vez que el pescado cambia de color a blanco, incluir el ajo, la cebolla, el pimiento rojo y la sal. Revolver para combinar.

3. Agregar la leche de coco, el jugo de limón restante, el jugo de piña, el agua de coco, las hojuelas de coco y el cilantro picado. Mezclar y refrigerar por lo menos 30 minutos más, aunque lo ideal sería dejarlo una hora para que se absorban más los sabores.

4. Para servir, cubrir con rodajas de limón, cilantro fresco y aguacate cortado en cubitos. Presentar acompañado con galletas soda o tajadas de plátano verde.

CARPACCIO
de res con aderezo de mostaza miel

Este es un plato maravilloso para compartir. Soy una gran admiradora del carpaccio de res, trozos de carne frescos cortados en rodajas finas que se sirven crudos y se preparan con una deliciosa salsa dulce y ácida a la vez, servido con arúgula, queso parmesano y alcaparras. El jugo de limón se suspende en una emulsión que cubre las verduras de manera uniforme. La salsa de miel mostaza está repleta de irresistible sabor dulce y picante que es irresistible.

INGREDIENTES

PARA LA CARNE DE RES:
- 400 gramos de filete de res cortado en rodajas finas
- 1 cucharada de sal
- 1 cucharada de pimienta negra recién molida
- 1 cucharadita de orégano seco

PARA LA SALSA MOSTAZA MIEL:
- Jugo de 1 limón
- ½ taza de aceite de oliva
- 1 cucharada de miel líquida
- 1 cucharadita de mostaza Dijon

PARA SERVIR:
- Unas lascas finas de parmesano
- Arúgula fresca (para decorar)
- Alcaparras

INSTRUCCIONES

1. Asegurarse de que la carne esté muy fría, directamente de la nevera. Frotar unas pizcas de sal, un poco de pimienta negra y el orégano sobre la parte superior de la carne. Colocar nuevamente en la refrigeradora.

2. Para la salsa de mostaza miel, mezclar todos los ingredientes (el jugo de limón, miel líquida, aceite de oliva y mostaza Dijon) en un tazón pequeño hasta que estén bien combinados. Sacar la carne de la nevera y poner unas cucharadas de la mezcla sobre el plato.

3. Agregar el queso parmesano, alcaparras y arúgula encima y servir inmediatamente o mantenga el plato tapado en el refrigerador hasta que esté listo para su consumo.

CRAB BITES

papas de aguacate fritas con ensalada de cangrejo y salsa chipotle

🕐 Preparación 15 min
Cocción 10 min
Tiempo total 25 min
👤 4 porciones

Las papas fritas de aguacate están cubiertas con condimentos y una corteza crujiente de panko. Son tan deliciosas y fáciles de preparar que querrás combinarlos con cada comida. Acompañadas de una deliciosa ensalada de cangrejo, que es abundante y fresca. Esta receta de ensalada de cangrejo está aromatizada con hierbas frescas como eneldo y perejil, y luego se completa con una pizca de chile tabasco para darle un sabor picoso.

INGREDIENTES

PARA LA ENSALADA DE CANGREJO:
- 8 onzas de carne de cangrejo en trozos
- 2 cucharadas de apio picados
- 2 cucharadas de cebolla morada picada
- 1 cucharada de eneldo fresco picado
- 1 cucharada de perejil fresco picado
- 1 cucharada de condimento de pepinillos
- 1 cucharada de mayonesa
- 1 cucharada de cilantro fresco picado
- 1 cucharadita de paprika
- ¼ cucharadita de salsa tabasco
- 1 cucharada de sal
- 1 cucharada de pimienta recién molida
- Cebollino para decorar

PARA EL AGUACATE CRUJIENTE:
- 2 aguacates maduros pero firmes
- 4 huevos grandes batidos
- 1 taza de harina
- 1 cucharada de ajo en polvo
- 1 cucharada de mezcla de hierbas
- 1 cucharada de paprika
- 1 cucharada de sal
- 1 cucharada de pimienta recién molida
- 1 taza de migas de pan *panko*
- Aceite vegetal para freír

PARA SERVIR:
- Salsa chipotle
- Cebollino

INSTRUCCIONES

PARA LA ENSALADA DE CANGREJO:

1. Aplastar la carne de cangrejo con un tenedor. En otro tazón combinar el ajo, la cebolla, el condimento de pepinillos, el apio, el eneldo, el perejil, la mayonesa, el cilantro, paprika, y salsa tabasco. Sazonar con sal y pimienta al gusto. Combinar con carne de cangrejo. Dejar de lado.

PARA EL AGUACATE FRITO:

1. Verter un poco de aceite en una sartén profunda, unas pocas pulgadas servirán. Usar suficiente para cubrir los aguacates. Calentar a fuego medio-alto. Si se tiene un termómetro para freír, utilizarlo. La temperatura del aceite debe ser de 350 a 375 grados. Nunca llenar demasiado la sartén cuando se fríe y asegurarse de que los ingredientes estén secos (para eso están la harina y el *panko*).

2. Preparar 3 tazones para empanar, uno con harina sazonada (añadir un poco de sal, pimienta, ajo en polvo, mezcla de hierbas y paprika a la harina), otro con el huevo batido y el último con *panko*. Rebanar el aguacate en ½ y retirar con cuidado de la piel, desechar los huesos. Cortar los aguacates. Poner los gajos uno a la vez en harina (sacudir el exceso), bañarlos en el huevo y luego cubrirlos bien con *panko*.

3. Colocar el aguacate en el aceite con suficiente espacio alrededor de cada pieza. Cocinar hasta que estén crujientes y ligeramente doradas. Retirar del aceite con una cuchara ranurada. Cubrir con ensalada de cangrejo, cebollino y salsa chipotle. Servir de inmediato.

CROQUETAS
de jamón con salsa bechamel

🕐 Preparación 4 horas
Cocción 15 min
Tiempo total 4 horas 15 min
👤 24 porciones

Las croquetas de jamón, son básicamente una salsa bechamel fantástica (aceite de oliva, mantequilla, harina y leche) enriquecida con jamón serrano, que se fríe hasta que quede crujiente. Las croquetas son famosas en toda España, ya que tienen un delicioso sabor y una textura crujiente.

INGREDIENTES

- 4 cucharadas de mantequilla sin sal
- ¼ taza de aceite para freír
- 120 gramos de harina
- 1 cebolla mediana picada muy fina
- ¼ de galón de leche entera a temperatura ambiente
- 1 pizca de nuez moscada
- 225 gramos de jamón serrano cortado en dados pequeños
- 50 gramos de queso manchego rallado
- Harina para rebozar
- 2 huevos batidos
- Pan rallado para empanar

INSTRUCCIONES

1. Derretir la mantequilla y calentar el aceite en una sartén a fuego medio alto.

2. Agregar la cebolla picada y saltear durante unos minutos, hasta que comience a tomar color.

3. Añadir una pizca de sal y la nuez moscada. No echarle demasiada sal porque el jamón serrano ya está salado.

4. Incluir el jamón picado y saltear por 30 segundos más.

5. Incorporar la harina y revolver continuamente, hasta que la harina adquiera un color marrón claro. ¡No dejar de remover o la harina se quemará!

6. Cuando la harina cambie de color, verter la leche poco a poco, siempre removiendo hasta incorporar toda la cantidad. Sumar el queso manchego rallado y revolver. Debería tomar alrededor de 15-20 minutos agregarlo todo.

7. Apagar el fuego y dejar que la masa se enfríe a temperatura ambiente.

8. Untar con mantequilla los lados de un tazón grande y colocar la masa de croquetas adentro, cubierta directamente con una envoltura de plástico. Refrigerar un mínimo de 4 horas, pero preferiblemente toda la noche.

9. Para hacer las croquetas de jamón, darles forma de pequeñas bolas. Calentar una sartén con suficiente aceite para cubrir las croquetas. Mientras se calienta el aceite, pasar las croquetas por el proceso de empanado de tres pasos: primero por harina, luego por huevo y, por último, por pan rallado.

10. Freír las croquetas de jamón en el aceite caliente durante unos cinco minutos (asegurándose de darles la vuelta a la mitad para que se doren uniformemente) y luego dejarlas enfriar durante unos minutos antes de disfrutarlas. Servir y comer inmediatamente. Adornar con cebollino o perejil fresco.

CROSTINI

⏱ Preparación 25 min
Cocción 8 min
Tiempo total 33 min
👤 10 - 15 porciones

prosciutto con mermelada de duraznos

Los crostini de queso de cabra y prosciutto con jalea de durazno, son el aperitivo perfecto para cualquier reunión. El queso se unta en rebanadas de baguette tostadas y luego se cubre con la jalea, el prosciutto salado y arúgula. El sabor salado del prosciutto combina perfectamente con el queso y el durazno. La mermelada está endulzada y maravillosamente especiada con solo un toque de canela.

INGREDIENTES

PARA LA MERMELADA DE DURAZNO:

- 3 ½ libras de duraznos (1 libra = 3-4 duraznos medianos), pelados, sin hueso y cortados en trozos
- 2 ½ tazas de azúcar (recuerde, puede comenzar con menos azúcar y agregar más si es necesario, pero no agregue muy poco o su mermelada no se gelificará).
- 1 cucharadita de canela
- Jugo de 1 limón

PARA EL *CROSTINI*:

- 4 onzas de queso de cabra
- 1 cucharada de queso crema batido
- 12 onzas de *baguette* francesa, en rodajas: use 2 (6 onzas cada una) *demi baguettes*.
- 1 taza de arúgula
- 3 onzas de *prosciutto*, cortado en trozos más pequeños
- Hojas de albahaca fresca para decorar

INSTRUCCIONES

PARA LA MERMELADA:

1. Colocar los duraznos y el jugo de limón a una cacerola mediana. Llevar a ebullición a fuego medio-alto, usando una espátula o triturador para triturar los duraznos hasta obtener la consistencia deseada.

2. Reducir el fuego a medio. Añadir azúcar y canela. Volver a hervir los duraznos, revolviendo con frecuencia.

3. Continuar hirviendo y revolviendo, hasta que los duraznos se reduzcan y alcancen la consistencia deseada. (Entre 15 y 25 minutos; la mermelada debe adherirse a la cuchara cuando se levanta y se voltea hacia un lado).

4. Dejar que las conservas de durazno se enfríen. Si se observa que la mermelada no tiene la consistencia que desea, puede volver a hervir los duraznos durante unos 10 minutos y luego dejar que se enfríe nuevamente.

PARA EL *CROSTINI*:

1. Precalentar el horno a 375 grados y colocar las rebanadas de *baguette* en una bandeja para hornear. Luego, hornear durante 6 a 8 minutos, girando la sartén a la mitad hasta que esté ligeramente tostado. Dejar enfriar un poco.

2. En un procesador de alimentos, combinar el queso de cabra y el queso crema batido y mezclar hasta que quede suave, raspando los lados del tazón a medida que avanza.

3. Extender una cucharadita más o menos del queso de cabra batido en las rebanadas de *baguette* tostadas.

4. Añadir una cucharada de mermelada de durazno. Agregar trozos de *prosciutto* y algunas hojas de arúgula.

Disfrutar

DIP DE ALCACHOFAS
con gremolata de aceitunas

Preparación 15 min
Cocción 30 min
Tiempo total 45 min
6 - 8 porciones

Dip cremoso de queso feta al horno y alcachofas, cubierto con gremolata de aceitunas contiene todos los componentes básicos de un dip perfecto para cualquier ocasión. Sirvelo caliente fuera del horno o a temperatura ambiente con crostini o pita. Estoy segura de que te encantará además que las aceitunas le añaden un sabor fresco y ácido que eleva el dip.

INGREDIENTES

- 1 bloque de queso feta (8 oz)
- 1 frasco (12 oz) de corazones de alcachofa marinados en cuartos, escurridos y picados en trozos grandes
- ½ taza de leche entera
- ½ taza de mayonesa
- ½ taza de yogur griego
- ½ taza de queso *mozzarella* rallado
- 2 dientes de ajo rallados
- ¼ cucharadita hojuelas de pimiento rojo triturado
- 2 cucharadas de aceite de oliva

PARA LA GREMOLATA DE ACEITUNAS:

- ½ taza de aceitunas verdes sin hueso
- ½ taza de aceitunas kalamata sin hueso
- ¼ taza de piñones picados (sub nueces)
- 3 cucharadas de perejil fresco finamente picado
- 1 cucharadita de limón rallado
- 3 cucharadas de aceite de oliva virgen extra
- 1 cucharadita de sal y hojuelas de pimiento rojo triturado

PARA SERVIR
- *Crostini*
- Pan pita

INSTRUCCIONES

1. Precalentar el horno a 375 grados. Engrasar una fuente para hornear de 8x8 pulgadas con aceite en aerosol antiadherente.

2. Colocar el bloque de queso feta en un tazón grande; usar un tenedor para triturar y desmenuzar en pedazos pequeños. Agregar los corazones de alcachofa, el yogur griego, la mayonesa, la *mozzarella*, aceite de olivo, leche, el ajo y las hojuelas de pimiento rojo. Revolver bien para combinar.

3. Transferir la mezcla a una fuente para hornear preparada. Hornear durante 28 a 30 minutos, hasta que burbujee con bordes dorados.

PARA LA GREMOLATA DE ACEITUNAS:

1. Colocar las aceitunas en una tabla de cortar. Usar el lado plano de la hoja de un cuchillo grande para aplastar las aceitunas suave pero firmemente, rompiéndolas en pedazos más pequeños.

2. Añadir las aceitunas a un tazón mediano, junto con los piñones, el perejil, la ralladura de limón y el aceite de oliva. Sazonar con una pizca de sal y hojuelas de chile.

3. Retirar la salsa de queso feta horneada del horno y dejarla reposar durante 5 minutos. Esparcir gremolata de aceitunas por encima, aceite de oliva y sirva caliente. ¡Disfrutar con *crostini* o pan pita!

59

TARTAR
de atún

El atún es uno de mis tipos de pescado favoritos. Este plato está elaborado con filete fresco y una salsa que deleitará tu paladar. Decorado con puerro, es un elegante aperitivo que tiene un sabor increíble. En capas con trozos de aguacate, esta receta de tartar de atún es deliciosa.

INGREDIENTES

- 2 ½ onzas de atún fresco para sushi, cortado en cubos de ¼ de pulgada
- 2 cucharadas de cebollina picada
- 1 cucharada de cebolleta picada
- 2 cucharaditas de aceite de oliva
- 1 cucharadita de jugo de limón fresco + ralladura
- 1-2 cucharaditas de salsa *sriracha*
- ¼ de cucharadita de sal marina
- ½ aguacate pequeño, cortado en cubos de ¼ de pulgada
- 1-2 cucharadas de salsa *ponzu*
- 1-2 cucharadas de mayonesa
- ¼ taza de puerro rebanado y frito
- 100 mililitros de aceite de oliva
- Sal (cualquier tipo)

INSTRUCCIONES

1. Mezclar 1 cucharada de salsa *ponzu* con 1 cucharada de mayonesa. Probar y ajustar a tu preferencia. Dejar de lado.

2. Agregar la cebollina, la cebolleta, el aceite de oliva, el jugo de limón, la salsa *sriracha* y la sal en un tazón mediano y revolver para combinar.

3. Incluir el atún cortado en cubitos y el aguacate. Doblar suavemente en la salsa.

4. OPCIONAL: colocar un cortador de galletas redondo de 3 pulgadas en un plato pequeño y llenarlo con cuidado con el tartar de atún. Levantar con cuidado el cortador de galletas para que el tartar quede en un buen montículo.

5. Si se omite el paso anterior, simplemente transferir el tartar a un tazón para servir.

6. Rociar con la salsa *ponzu*. Espolvorear con ralladura de limón. Añadir el puerro frito y servir inmediatamente para obtener la mejor textura.

ensaladas

ensalada
GRIEGA

Preparación 20 min
Cocción 10 min
Tiempo total 30 min
👤 5 porciones

Esta ensalada está cubierta con un delicioso aderezo griego ligero y cremoso, hecho a base de yogur con hierbas. Además, incluye tomates cherry, pepinos crujientes, cebollas rojas, pimientos, aceitunas kalamata saladas, queso feta, un toque de menta y eneldo, todo envuelto en un aderezo vibrante y picante. Para hacer esta receta, deberás cocinar la pasta, el pollo, mezclar el aderezo y picar las verduras, para tener una comida sabrosa en minutos.

INGREDIENTES

PARA EL ADEREZO:
- 8 cucharadas de aceite de oliva
- ½ taza de queso feta
- 2 cucharadas de jugo de limón fresco
- 1 taza de yogur griego
- 1 cucharada de vinagre de vino tinto
- 1 ½ cucharadita de ajo picado (1 diente grande)
- 1 cucharadita de orégano seco
- 1 cucharadita de eneldo picado
- ¾ cucharadita de miel
- Sal y pimienta al gusto

PARA LA ENSALADA:
- 500 gramos de la pasta de su elección
- 2 pechugas de pollo limpias
- ½ de yogur griego
- 1 cucharada de orégano seco
- 1 cucharada de ajo y cebolla en polvo
- 1 cucharada de sal y pimienta
- 2 cucharadas de aceite de oliva
- 2 tazas de tomates *cherry* partidos a la mitad
- 1 lata de garbanzos (230 g)
- 1 pepino inglés mediano, opcionalmente pelado y cortado en medias lunas
- 1 cebolla roja cortado en juliana
- 1 pimiento verde cortado en juliana
- ¾ taza de aceitunas kalamata rebanadas
- 2 tazas de queso feta
- 2 cucharadas de menta fresca picada (opcional)
- 2 cucharadas de eneldo fresco picado (opcional)
- 4 tazas de lechuga romana o de canónigos de su preferencia

INSTRUCCIONES

1. En una olla grande profunda, poner agua, un diente de ajo, una cucharada de aceite de oliva y sal. Cocinar la pasta según las instrucciones del paquete. Reservar 1 taza del agua.

2. En un plato hondo, colocar las pechugas de pollo y condimentar con los ingredientes (½ taza de yogur griego, orégano seco, ajo en polvo, cebolla en polvo, sal y pimienta). Dejar marinar 15-10 minutos.

3. En una sartén, rociar aceite de su elección y cocinar las pechugas a fuego medio. Toma alrededor de 5-7 minutos cocinar de cada lado. Cortar en cubos y dejar a un lado.

4. Adicionar todos los ingredientes del aderezo (el aceite de oliva, el jugo de limón, yogur griego, queso feta, eneldo, orégano seco, vinagre de vino tinto, ajo, orégano, miel) a un tazón pequeño y revolver bien para mezclar. Sazonar con sal y pimienta al gusto. Guardarlo en el refrigerador hasta que esté listo para usar.

5. Drenar el agua de la lata de garbanzos y lavar con agua caliente 2 veces para desechar ese líquido y reducir la ingesta de sodio.

6. Añadir la pasta, el pollo, los tomates, los garbanzos, el pepino, la cebolla, el pimiento verde, las aceitunas y el queso feta a una ensaladera.

7. Esparcir eneldo y menta encima (opcional). Agregar el aderezo y revolver suavemente para cubrir uniformemente (hacerlo unos minutos después de servir, para obtener mejores resultados).

Disfrutar

MEDITERRÁNEA
con vegetales asados

La ensalada de pasta de verduras asadas es brillante y sabrosa, todo mezclado con un aderezo ligero. Esta ensalada de inspiración mediterránea está cargada de muchos sabores. Toma el marmahón y prepáralo de acuerdo con las instrucciones del paquete. Si puedes, prepara este plato un día antes de servir. También puedes ahorrar tiempo de preparación cortando las verduras y preparando el aderezo hasta 8 horas antes de servir la ensalada.

INGREDIENTES

PARA LOS VEGETALES:
- 1 papa dulce mediana
- 1 cabeza pequeña de coliflor o brócoli cortado en floretes
- 3 cucharadas de aceite de oliva virgen extra, divididas
- 1 *zucchini* mediano
- 1 cebolla roja pequeña
- 1 taza de tomates uva partidos a la mitad
- 1 taza de aceitunas kalamata
- ½ taza de tomates *cherry* partidos a la mitad
- ½ lata de garbanzos enjuagados y escurridos
- 1 taza de queso feta desmenuzado
- ½ taza de perejil fresco picado

PARA EL ADEREZO:
- ¼ de aceite de oliva virgen extra
- ¼ de vinagre de vino tinto
- 3 dientes de ajo picados
- 2 cucharadas de orégano seco
- 1 cucharada de mostaza Dijon
- 1 cucharada de cúrcuma
- 1 cucharada de paprika
- Sal y pimienta al gusto

PARA LA PASTA:
- 500 gramos de marmahón Nassar o cualquier pasta de su elección
- ½ taza de aceite de oliva
- 1 cucharada de sal

INSTRUCCIONES

1. Precalentar el horno a 400 °F. Cocinar la pasta de acuerdo a las instrucciones del empaque. Rociar ½ taza de aceite de oliva y sazonar con un poco de sal la pasta. Dejar reposar a un lado.

2. Frotar la papa dulce y cortarla en cubos de ½ pulgada y la coliflor en floretes. Colocarla en la primera bandeja y rociar con 1 ½ cucharadas de aceite.

3. Cortar el *zucchini* en cubos de ½ pulgada y la cebolla roja en rodajas de ½ pulgada. Poner en la segunda bandeja y salpicar con 1 ½ cucharadas de aceite.

4. Espolvorear cada bandeja con ½ cucharadita de sal y ¼ cucharadita de pimienta negra. Mezclar para cubrir, luego extender las verduras en una capa uniforme. Llevar al horno y asar por 10 minutos. Retirar las bandejas del horno. Luego, con una espátula, combinar las verduras para promover una cocción uniforme. Volver a esparcir en una capa uniforme. Girar las posiciones de las bandejas. Continuar horneando hasta que las verduras estén tiernas y crujientes durante unos 10 o 15 minutos más. Antes de sacar la bandeja de las verduras, incorporar los tomates uva para que se asen 5-7 minutos. Sazonar con aceite de oliva, sal y pimienta al gusto.

5. Mientras se asan las verduras, preparar el aderezo: en un tazón pequeño, mezclar los ingredientes del aderezo: aceite de oliva, vinagre, ajo, orégano, cúrcuma, paprika, mostaza Dijon, sal y pimienta.

6. Una vez que las verduras hayan terminado de asarse, pasarlas a un tazón grande para servir. Añadir los garbanzos, las aceitunas kalamata y los tomates *cherry*. Mientras las verduras aún están calientes, verter el aderezo por encima y revolver suavemente para cubrir.

7. En un plato hondo para servir, agregar la pasta, los vegetales asados y adorne con queso feta y perejil. Sazonar con un poco de sal y aceite de oliva si desea.

WRAPS
de salmón

El wrap de lechuga con salmón teriyaki al horno, es una receta suave y fácil de preparar. La salsa teriyaki casera es picante y dulce, ya que tiene un poco del sabor de las hojuelas de pimiento rojo. Acompañamos estos deliciosos wraps con una salsa de piña con una combinación de dulce y picante. Gracias al sazón que aporta el arroz integral mezclado con el salmón y la salsa, podrás sentir una variedad de sabores en cada bocado. Prepara tus componentes y cúbrelos con lechuga fresca y crujiente. Adorna con semillas de ajonjolí y cebollas verdes para darle más sabor y textura.

INGREDIENTES

PARA LA SALSA *TERIYAKI*:
- ½ taza de salsa de soya
- ¼ de taza de azúcar morena
- ¼ taza de *mirin*
- 2 cucharadas de miel
- 1 cucharada de salsa *hoisin*
- 1 cucharada de aceite de ajonjolí tostado
- 1 cucharadita de hojuelas de pimiento rojo triturado
- 1 cucharada de maicena

PARA EL SALMÓN Y *WRAPS*:
- 1 libra de filete de salmón rojo, cortado en 4 porciones iguales
- 2 cucharadas de aceite de ajonjolí
- 2 tazas de arroz integral cocido
- 2 cabezas medianas de lechuga francesa en hojas separadas
- 1 cucharadita de semillas de ajonjolí negro
- ¼ taza de cebollas verdes en rodajas finas
- ¼ de champiñones
- ¼ de cebolla amarilla picada
- 2 de ajo
- 2 cucharadas de salsa soya

PARA LA SALSA DE PIÑA:
- 1 taza de piña cortada en cubitos
- ½ taza de pimientos picados (de varios colores)
- 1 aguacate cortado en cubitos
- ⅓ taza de cilantro picado
- ½ taza de cebolla roja picada
- 2 cucharadas de jugo de limón
- ¼ cucharadita de pimienta negra
- ⅛ cucharadita de sal
- Opcional: 1 cucharada de jalapeños cortados en cubitos

INSTRUCCIONES

PARA LA SALSA DE PIÑA:

En un tazón pequeño, mezclar los ingredientes picados: piña, pimientos, cebollas, cilantro, junto con el jugo de limón, el aguacate, sal y pimienta. Conservar en la nevera.

PARA LA SALSA *TERIYAKI*:

1. En una cacerola pequeña, mezclar la salsa de soya, el azúcar morena, el *mirin*, la salsa *hoisin*, la miel, el aceite de ajonjolí, las hojuelas de pimiento rojo y ½ taza de agua. Llevar a ebullición, revolviendo ocasionalmente hasta que la salsa se reduzca y espese un poco, aproximadamente 10 minutos.

2. En un tazón pequeño, incorporar la maicena con 2 cucharadas de agua fría. Batir la mezcla de almidón de maíz en la mixtura de salsa de soya y continuar cocinando a fuego lento hasta que todo esté lo suficientemente espeso como para cubrir el dorso de una cuchara, aproximadamente 2 minutos más.

3. Dejar que la salsa se enfríe por completo, unos 20 minutos. Esta se puede preparar 2 semanas antes: cubrir y refrigerar hasta que esté lista para usar.

PARA LOS *WRAPS*:

1. Precalentar el horno a 200 grados. Poner los filetes de salmón a un tazón grande y verter la mitad de la salsa *teriyaki* por encima, volteando el salmón para cubrirlos con la salsa. Dejar marinar durante 20 minutos.

2. Colocar los filetes de salmón en una bandeja para horno forrada con papel aluminio y hornear hasta que estén bien cocidos, aproximadamente 10 minutos. Retirar a un lado.

3. Calentar una sartén antiadherente grande a fuego medio. Rociar aceite de ajonjolí y calentar. Sumar la cebolla amarilla, los champiñones, el jengibre y el ajo. Revolver y cocinar por 5-7 minutos. Añadir el arroz a la sartén, la salsa soya y cocinar, aproximadamente 3 minutos. Revolver y cocinar por 3 minutos adicionales. Retirar la sartén del fuego y reservar.

4. Preparar los componentes. Acomodar hojas de lechuga fresca y crujiente en una fuente. Cubrir con una cucharada de arroz. Agregar un trozo de salmón, arroparlo con semillas de ajonjolí, cebollas verdes, salsa de piña y una cucharada del glaseado *teriyaki* sobrante.

DE BISTEC
con aderezo de tomatillo

Una ensalada de bistec perfecta para el verano, cargada con una variedad de ingredientes frescos de temporada. Esta ensalada está hecha con carne a la parrilla, maíz dulce, tomates uva, aguacate, cebolla morada y un aderezo cremoso de tomatillo con cilantro. El bistec en la ensalada es una excelente manera de obtener una comida refrescante pero a la vez sustanciosa. La vinagreta de tomatillo le da un toque ahumado y diferente.

INGREDIENTES

PARA LA CARNE:
- 1 ½ libra de carne (a elección)
- 1 cucharadita de chile en polvo
- ½ cucharadita de comino molido
- ½ cucharadita de pimentón
- ½ cucharadita de ajo en polvo
- 1 ½ cucharadita de sal
- 1 cucharadita de pimienta negra
- ½ cucharadita de cilantro molido

PARA LA ENSALADA:
- 6 tazas de lechuga
- 1 taza de maíz enlatado y escurrido
- 2 tazas de mitades de tomate uva
- 1 aguacate grande
- ¼ taza de cebolla roja en juliana
- ½ taza de queso fresco

PARA EL ADEREZO:
- ½ taza de suero de leche
- ¼ taza de mayonesa
- ¼ taza de yogur griego
- 1 jalapeño sin semillas en cubos
- ¼ taza de cilantro
- 1 taza de tomatillo verde previamente cocido sin la piel
- 1 diente de ajo
- ½ cebolla blanca
- Jugo de 1 limón
- 1 cucharada de perejil seco
- 1 cucharada de comino
- Sal y pimiento al gusto

PARA EL SUERO DE LECHE:
- 1 taza escasa de leche entera o al 2%, o crema espesa
- 1 cucharada de jugo de limón recién exprimido o vinagre blanco destilado

INSTRUCCIONES

PARA EL ADEREZO:

Combinar todos los ingredientes (suero de leche, mayonesa, yogur griego, jalapeño, cebolla, ajo, tomatillos, jugo de limón, perejil, comino, sal y pimienta al gusto) en una licuadora. Dejar en la refrigeradora hasta que esté lista la ensalada para servir.

PARA LA CARNE:

1. Precalentar el horno a 250 grados para asar. En un tazón pequeño, mezclar el chile en polvo, el comino, el pimentón, el ajo en polvo, la sal, la pimienta y el cilantro. Añadir el aliño de especias al bistec, volteándolo para cubrir completamente la carne y presionando con los dedos para ayudar a que el adobo se adhiera a la carne. Si se cuenta con tiempo, cubrir el filete con una envoltura plástica y refrigerarlo durante 30 minutos a 1 hora. Se puede dejar marinar hasta por 4 horas.

2. Cuando esté listo el horno, poner el bistec y cocinar durante 4 a 5 minutos por cada lado, según preferencia. El bistec debe estar a 130-135 ˚F para término medio y a 145 ˚F para término bien hecho.

3. Transferir el bistec a una tabla de cortar grande y cubrir sin apretar, con papel de aluminio. Reposar el bistec durante 10 minutos. Cortar el bistec en rodajas finas.

4. Para armar la ensalada, disponer las verduras mixtas en un plato grande. Adicionar el bistec, el maíz, los tomates, el aguacate, la cebolla roja y el queso fresco. Rociar con la cantidad deseada de aderezo. Servir de inmediato.

PARA EL SUERO DE LECHE:

1. Combinar la leche o la crema y el ácido. Revolver la leche o la crema y el jugo de limón o el vinagre en una taza medidora.

2. Dejar reposar la mezcla a temperatura ambiente durante 5 a 10 minutos. Cuando esté lista, la leche estará ligeramente espesa y verás pequeños trocitos cuajados. Este sustituto no se volverá tan espeso como el suero de leche regular, pero tampoco notarás los trozos cuajados en su receta terminada.

CÉSAR
con *kale*

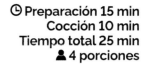

Preparación 15 min
Cocción 10 min
Tiempo total 25 min
4 porciones

Ensalada César clásica con crutones caseros crujientes, fragmentos de queso parmesano rallado y un aderezo César ligero. De mis ensaladas favoritas y con un toque diferente que es el kale, por ser un superalimento repleto de sabor y nutrición; tiene sentido que sea un buen sustituto de la lechuga romana, más tradicional. Al simplificar la receta y cambiar al uso de abundantes hojas de kale, está diseñada para durar toda la semana en el refrigerador, por lo que también es una excelente opción para preparar comidas. Simplemente deja los crutones a un lado si estás haciendo esto con anticipación. El aderezo César clásico es cremoso, picante y alimonado, con un poco de pasta de anchoas, ideal para esta ensalada.

INGREDIENTES

PARA LOS CRUTONES:
- ¼ taza de aceite de oliva
- 2 dientes de ajo picados
- 1 cucharadita de sal
- ½ cucharadita pimienta negra
- ¼ taza de queso parmesano finamente rallado
- 4 tazas de pan francés en cubos de 1 pulgada

PARA EL ADEREZO:
- 1 ½ taza de mayonesa
- 4 dientes de ajo machacados
- 1 ½ taza de queso parmesano finamente rallado
- 2 cucharadas de jugo de limón fresco
- 1 ½ cucharaditas de pasta de anchoas
- 1 cucharadita de aceite de pescado
- 1 ½ cucharaditas de mostaza Dijon
- 1 cucharadita de salsa inglesa
- ¼ de cucharadita de sal
- ¼ de cucharadita de pimienta negra recién molida

PARA LA ENSALADA:
- ½ taza de queso parmesano rayado
- 1 pizca de sal
- 1 pizca de pimienta
- 1 cucharada de aceite de oliva
- 5 tazas de *kale*

INSTRUCCIONES

PARA LOS CRUTONES:

1. Precalentar el horno a 350 °F.

2. En un tazón grande, mezclar el aceite, el ajo, la sal, la pimienta y el queso parmesano.

3. Agregar el pan y revolver para cubrir. Transferir a una bandeja para horno y hornear hasta que estén doradas, de 7-10 minutos. Retirar del horno y enfriar.

PARA EL ADEREZO:

En un procesador de alimentos o licuadora, combinar la mayonesa, el ajo, jugo de limón, aceite de pescado, queso parmesano, pasta de anchoas, mostaza, salsa inglesa, sal y pimienta. Procesar hasta que quede suave. El aderezo se mantendrá en la nevera durante 10 minutos.

PARA LA ENSALADA:

1. En una olla profunda, combinar agua, una pizca de sal, una pizca de aceite de oliva. Tener a la mano un plato hondo grande con agua fría (agregar hielo para que esté bien fría, lo suficiente para cubrir el *kale*).

2. Una vez que el agua esté hirviendo, añadir el *kale* en tandas. Después de 2 segundos, retirarlo con unas pinzas y colocarlo en el agua helada. Secar en un centrifugador de ensalada o con toallas de papel.

3. Cortar las hojas de *kale* en trozos pequeños y desechar los tallos duros. Colocar el *kale* en un tazón para servir ensaladas. Agregar la mitad del queso parmesano y revolver. Adicionar la mitad de los crutones y mezclar bien.

4. Cubrir la ensalada con el resto del queso, los crutones y suficiente aderezo para cubrir. Sazonar con pimienta y servir.

Disfrutar

DE BURRATA
con frutos rojos

Esta receta de ensalada de frutos rojos, es perfecta para el verano, por las frutas, la espinaca y la burrata suave. Esta ensalada está mezclada con un aderezo ligero y cítrico con aceite de oliva. Las almendras le dan un toque crocante. Se requiere de moras, frambuesas y fresas frescas, además de espinaca tierna y unas rodajas finas de cebollas rojas que agregan textura y sabor complejo para equilibrar las frutas. El queso burrata es excelente en ensaladas porque no es abrumador. Y si cortas la capa exterior de burrata, sale toda la bondad cremosa. Realmente agrega algo especial a esta ensalada, pero puedes omitir la burrata y puedes usar un tipo diferente de queso, como feta o mozzarella bebé.

INGREDIENTES

PARA LA ENSALADA:
- 5 tazas de espinacas *baby*
- 1 puñado de frambuesas lavadas
- 1 puñado de moras lavadas
- 1 puñado de arándanos lavados
- 1 puñado de fresas partidas a la mitad y lavadas
- 1 puñado de almendras fileteadas
- ¼ taza de cebolla roja picada en juliana
- Unas hojas de albahaca dulce, cortadas en *chiffonade*
- 2-3 bolas de burrata

PARA EL ADEREZO
- ½ taza de aceite de oliva
- 2 cucharadas vinagre balsámico
- 2 cucharadas jugo de naranja sin pulpa
- 2 cucharadas agua
- 5 fresas frescas
- 1 cucharadita de ralladura de limón
- 30 gramos de albahaca fresca
- Sal y pimienta al gusto

Opcional
- Aguacate

INSTRUCCIONES

1. Poner los ingredientes del aderezo en la licuadora y mezclar a velocidad alta hasta que quede cremoso (aceite de oliva, vinagre balsámico, jugo de naranja sin pulpa, agua, fresas, ralladuras de limón, albahaca, sal y pimienta). Puede almacenarse en un frasco sellado hasta por 1 semana.

2. En un recipiente hondo, agregar la espinaca, las frambuesas, moras, arándanos, fresas, almendras, cebolla roja, y albahaca. Cubrir con las bolas de burrata y un poco de pimienta recién molida. Mezclar con el aderezo hasta que estén uniformemente cubiertos.

3. Colocar la ensalada en un plato para servir y agregar más aderezo si deseas.

POLLO THAI

🕐 Preparación 15 min
Cocción 35 min
Tiempo total 50 min
👤 4 - 6 porciones

La ensalada de pollo thai es una receta con sabores y texturas audaces, es una comida súper satisfactoria. Esta ensalada tailandesa es saludable y abundante que va mezclada con un aderezo cremoso de cacahuates. El aderezo de maní, limón y jengibre complementa la base de la ensalada, agregando un sabor dulce y picante a la vez. Combínalo con repollo crujiente, verduras y hierbas frescas para obtener una ensalada llena de nutrientes. Las zanahorias, los cacahuates y pepinos agregan un delicioso crujido.

INGREDIENTES

PARA LA ENSALADA:
- 6 onzas de fideos de arroz
- 2 libras de pollo deshuesado y sin piel, sin grasa. Cortados en rebanadas de ½"
- 1 taza de col blanca
- 1 taza de col morada
- 300 gramos de lechuga romana o de su elección
- 30 gramos de menta picada y adicional para adornar
- 1 zanahoria cortada finamente en juliana
- 3 cebollas verdes, picadas (separar los extremos verde y blanco)
- ½ pimiento rojo cortado finamente en juliana
- 1 pepino picado
- ½ taza de cilantro y adicional para adornar
- 1 taza de brotes de soya
- 3 cucharadas de semillas de ajonjolí
- 1 taza de salsa soya
- 2 cucharadas de jengibre picado
- 2 cucharadas de mantequilla amarilla
- 4 cucharadas de aceite de ajonjolí
- 1 cucharada de salsa *hoisin*
- 1 cucharada de *sriracha*
- 2 cucharadas de azúcar morena
- 1 cucharada de miel
- 4 cucharadas de vinagre de arroz
- Jugo de 2 limones
- Sal y pimienta al gusto
- ½ taza de cacahuates enteros
- 4 dientes de ajo, picados

PARA EL ADEREZO:
- ½ taza de vinagre de arroz
- ½ taza de salsa de soya
- 4 cucharadas de miel
- 2 cucharadas de salsa *hoisin*
- 1 cucharada de azúcar morena
- 4 cucharadas de aceite de ajonjolí
- 3 cucharadas de mantequilla de maní
- 1 diente de ajo
- 1 pizca de sal y pimienta o más al gusto
- 1 pizca de hojuelas de pimiento
- 1 cucharadita de salsa *Sriracha*
- 1 cucharada de jengibre fresco picado

INSTRUCCIONES

PARA EL ADEREZO:

En un tazón pequeño, mezclar la mantequilla de maní, el vinagre de arroz, la salsa de soya, la miel, el jugo de limón, el jengibre, la *sriracha*, la salsa *hoisin*, el aceite de ajonjolí, el ajo y las hojuelas de pimiento rojo. Sazonar al gusto con sal y pimienta. Si el aderezo es demasiado espeso, diluir con agua, 1 cucharadita a la vez. Dejar a un lado mientras prepara la ensalada.

PARA LA ENSALADA:

1. Precalentar el horno a 250 grados. En una fuente para horno, agregar el pollo. Agregar tres cucharadas de aceite de ajonjolí, la salsa *hoisin*, 2 cucharadas de salsa soya, 2 cucharadas de vinagre de arroz, *sriracha*, azúcar morena, mantequilla amarilla, un poco de jengibre, 4 dientes de ajos picados, hojuelas de pimiento (opcional), sal y pimienta al gusto. Dejar marinar unos 10-15 minutos mientras se calienta el horno.

2. Una vez se haya calentado el horno, tapar la bandeja con papel aluminio y cocinar por 15-20 minutos. Pasados los primero 10 minutos, revisar y revolver un poco para que se incorporen los jugos y la salsa.

3. Quitar el aluminio los últimos 5 minutos y dejar a un lado mientras prepara la ensalada.

4. Hervir una olla grande de agua con sal. Cuando hierva, cocinar los fideos según las instrucciones del paquete. Escurrir, rociar con un poco de aceite de oliva y espolvorear con una pizca de sal, revolver y reservar (no pasa nada si están fríos).

5. En una sartén, rociar una cucharada de aceite de ajonjolí, la zanahoria y el pimiento rojo. Adicionar una cucharada de salsa soya, sal y pimienta al gusto. Cocinar por 2-3 minutos.

6. En un plato hondo, mezclar la col blanca, la col morada, la menta, el cilantro, la cebollina verde, el pepino, semillas de ajonjolí, un poco de aceite de ajonjolí, una cucharada de salsa soya, jugo de limón, sal y pimienta. Revolver y sumar la zanahoria y el pimiento con los jugos de la sartén.

7. En una ensaladera o plato hondo agregar la lechuga, los fideos de arroz, la mezcla de la col blanca, morada, menta, cilantro, cebollina verde, la zanahoria y el pimiento rojo. Agregar el pollo, cacahuates, los brotes de soya, y esparcir aderezo por toda la ensalada. Complementar con más cilantro, menta y aderezo.

Disfrutar

WRAPS
de lechuga asiáticos

Estos wraps de lechuga, están llenos de sabores asiáticos, son deliciosos y fáciles de preparar. Me encanta la mezcla de sabores ligeramente salado, dulce y ácido. La lechuga y los anacardos le dan textura crujiente a estos wraps. Además de ser saludables, estos pueden ser una cena o almuerzo de inspiración asiática baja en carbohidratos que te encantarán. El aderezo de los wraps hecho con aceite de oliva, ajo y jengibre le da un toque especial a la comida. Por otro lado, ajo, jengibre y salsa hoisin, le dan un rico sabor al pollo.

INGREDIENTES

PARA LOS *WRAPS*:
- 4 cucharadas de aceite de ajonjolí
- ¼ de taza de cebolla picada amarilla
- 2 dientes de ajo picados
- 1 cucharada de jengibre fresco picado
- 10 onzas de pollo molido
- ½ taza de salsa soya
- 2 cucharadas de salsa *hoisin*
- Jugo de 2 limones
- 1 cucharada de miel
- ¼ de taza de azúcar morena
- 2 cucharaditas de ralladura de limón
- ½ cucharadita de hojuelas de pimiento rojo
- 2 cebollinas grandes, partes blancas y verdes, finamente rebanadas
- 1 taza de anacardos picados, crudos o tostados/salados
- ¼ taza de cilantro fresco picado
- ¼-½ taza de zanahorias finamente picadas en juliana
- 1 taza de col morada rallada
- 1 pepino partido a la mitad y picado en rebanadas
- Semillas de ajonjolí para cubrir
- 1 cabeza de lechuga francesa. Hojas removidas enjuagadas y secadas

PARA EL ADEREZO:
- 3 cucharadas de cebollina picada
- 2 dientes de ajo picados
- 1 cucharada de jengibre picada
- ½ taza de aceite de oliva
- 3 cucharadas de hojuelas de pimiento
- 2 cucharadas de salsa soya
- 1 cucharada de salsa agridulce *thai*
- 2 cucharadas de cilantro picado
- 1 pizca de azúcar morena

INSTRUCCIONES

1. Calentar una sartén a fuego medio alto y rociar el aceite de ajonjolí. Una vez que el aceite esté caliente, sumar la cebolla amarilla. Revolver y dejar cocinar durante 2-3 minutos hasta que las cebollas comiencen a dorarse y se vuelvan translúcidas. Luego, añadir el ajo y el jengibre. Mezclar todo junto y deje que se cocinar durante 2 minutos.

2. Agregar el pollo molido a la sartén, mezclándolo con la salsa de la sartén mientras se rompe con una cuchara de madera o una espátula. Sazonar el pollo con un poco de sal y pimienta, y dejarlo cocer hasta que comience a dorarse y no esté rosado, unos 3-4 minutos.

3. Mientras tanto, esparcir la salsa de soya, la salsa *hoisin*, el jugo de limón, ralladura de limón, azúcar morena, hojuelas de pimiento rojo y la miel en un tazón pequeño y mezclar.

4. Bañar el pollo en salsa. Espolvorear los anacardos picados sobre el pollo en la sartén y verter la salsa. Mezclar todo junto. Reducir el fuego y dejar que todo se cocine por 2 minutos más. Retirar la sartén del fuego y dejarla enfriar durante unos minutos. Luego, incluir las cebollinas picadas y el cilantro.

5. En una sartén honda pequeña, verter aceite vegetal. Una vez esté caliente y brillante, freír las zanahorias por 2-4 minutos. Reservar a un lado.

6. En un plato hondo pequeño, mezclar la col morada, el pepino, semillas de ajonjolí, 2 cucharadas de salsa soya.

7. Para hacer la salsa de los *wraps*, freír ½ taza de aceite de oliva. En un plato hondo pequeño de cerámica, combinar hojuelas de pimiento, cebollina picada, salsa soya, salsa agridulce *thai*, cilantro, dientes de ajo, jengibre y azúcar morena. Una vez haya freído el aceite, incorporar a la salsa. Revolver y dejar a un lado.

8. Para armar los *wraps* de lechuga, abrir una de las hojas de lechuga y agregar una cucharada grande de la mezcla de pollo en el *wrap* y cubrirlo con un poco de salsa, ensalada de repollo con pepino, cebollina, cilantro, zanahoria frita y las semillas de ajonjolí. Continuar hasta que haya hecho todas las envolturas de lechuga.

Disfrutar

COBB
con aderezo ranchero dulce

Esta ensalada preparada con un aderezo casero, repleta de proteínas, es una comida con abundante lechuga crujiente, tomates jugosos, pollo, tocino, huevos cocidos, aguacate, maíz, cebolla y queso azul desmenuzado. Mi queso favorito para agregar es el queso azul, pero un buen queso cheddar fuerte, también es genial. Estoy segura de que querrás el aderezo ranchero dulce en todas tus ensaladas. Puedes preparar todo 2 o 3 horas antes de comer. Cúbrelo con una envoltura de plástico y refrigera. Mantén la ensalada y el aderezo separados hasta que esté listo para servir.

INGREDIENTES

PARA LA ENSALADA:
- 2 pechugas de pollo
- 4 tazas de lechuga
- ½ taza de tocino picado y cocido
- 1 taza de mitades de tomate *cherry*
- 1 taza de queso azul
- 2 huevos duros partidos a la mitad
- 1 aguacate
- ½ taza de cebolla morada en juliana

PARA EL ADEREZO:
- ½ taza de mayonesa
- ½ taza de suero de leche
- 3 cucharadas de crema blanca
- 1 cucharadita de mostaza Dijon
- 1 cucharadita de miel
- ½ cucharadita de orégano seco
- ½ cucharadita de ajo en polvo
- ¼ cucharadita de cebolla en polvo
- ¼ cucharadita de pimentón
- Pizca de pimienta de cayena
- Sal y pimienta al gusto

PARA MARINAR EL POLLO:
- 1 taza de jugo de naranja
- Sal y pimienta al gusto
- 1 cucharada de ajo en polvo
- 1 cucharada de cebolla en polvo
- 1 cucharada de orégano seco
- ½ cucharada de comino
- 2 pechugas de pollo
- Aceite para sofreír

PARA EL SUERO DE LECHE:
- 1 taza escasa de leche entera o al 2%, o crema espesa
- 1 cucharada de jugo de limón recién exprimido o vinagre blanco destilado

INSTRUCCIONES

PARA EL ADEREZO:

Batir mayonesa, taza de suero de leche, mostaza Dijon, crema blanca, miel, orégano seco, ajo en polvo, cebolla en polvo, pimentón, pimienta de cayena, sal y pimienta para el aderezo en un tazón pequeño. Verter en un recipiente y refrigerar mientras se prepara el resto de la ensalada.

PARA LA ENSALADA:

1. Marinar las pechugas de pollo con el jugo de naranja, sal y pimienta, el ajo en polvo, la cebolla en polvo, el orégano seco y el comino. Luego, dejar a un lado por 5 minutos.

2. En una sartén, agregar aceite y esperar a que esté caliente. Cuando el aceite esté brillante, agregar la pechuga de pollo a la sartén y cocinar durante 4 minutos, por un lado. Voltear el pollo y cocinar por 4 minutos más, hasta que esté cocido, pero no seco. Dejarlo tapado a fuego lento por 5-7 minutos hasta que esté listo. Moverlo a una tabla de cortar para que descanse.

3. Colocar la lechuga y las verduras mixtas en un tazón mediano y revolver para combinar. Colocar los tomates en rodajas alrededor de los lados. Agregar el huevo partido a la mitad, el tocino sobre el tazón. Acomodar la cebolla y el aguacate sobre la otra mitad, dejando el medio para el pollo. Adornar la ensalada con el queso azul y aderezo.

PARA EL SUERO DE LECHE:

1. Combinar la leche o la crema y el ácido. Revolver la leche o la crema y el jugo de limón o el vinagre en una taza medidora.

2. Dejar reposar la mezcla a temperatura ambiente durante 5 a 10 minutos. Cuando esté lista, la leche estará ligeramente espesa y verás pequeños trocitos cuajados. Este sustituto no se volverá tan espeso como el suero de leche regular, pero tampoco notarás los trozos cuajados en su receta terminada.

MELOCOTONES
tomates *cherry* con burrata

Esta receta es una ensalada veraniega de la clásica ensalada italiana de panzanella, hecha con una mezcla de melocotones dulces y jugosos, tomates cherry, pistacho, cebolla y burrata cremosa. Todo se mezcla con trozos de pan crujientes y se adereza con una vinagreta de albahaca fácil de preparar. Esta ensalada es suficiente para servir como entrada o como plato principal y siempre puedes agregar más lechuga a tu gusto. Está repleta de nutritivos alimentos básicos de verano.

INGREDIENTES

PARA LA ENSALADA:
- 3-4 rebanadas de tocino
- 3 tazas de cubitos de pan (opcional)
- 2 duraznos, en rodajas finas
- 2 tazas de mitades de tomates *cherry*
- Hojas de lechuga fresca o arúgula
- 4 tazas de cubitos de pan
- ½ cebolla morada cortada en juliana
- 8 onzas de queso burrata fresco
- Hojas de albahaca para decorar
- Semillas de pistacho (al gusto)

PARA LA VINAGRETA:
- ½ taza de aceite de oliva virgen extra
- ¼ taza de vinagre balsámico
- 2 cucharadas de albahaca fresca picada
- 1 cucharada de miel
- 1 cucharada de orégano seco
- 1 cucharada de menta fresca picada
- 1 cucharadita de mostaza Dijon o con semillas
- 2 dientes de ajo picados
- ½ cucharadita de hojuelas de pimiento rojo triturado
- ¼ de cucharadita de sal
- ¼ de cucharadita de pimienta negra recién molida

INSTRUCCIONES

1. Agregar todos los ingredientes a un frasco (aceite de oliva virgen extra, vinagre balsámico, albahaca, miel, mostaza Dijon, ajo, hojuelas de pimiento rojo triturado, orégano, menta, sal y pimienta negra) y agita bien hasta que se emulsione. Habrá aderezo adicional que se puede almacenar en el refrigerador durante 1-2 semanas.

2. Precalentar el horno a 350 ˚F. Colocar los cubos de pan en una bandeja para horno. Hornear durante 10 a 15 minutos, hasta que estén ligeramente tostados.

3. Cuando el pan esté terminado, poner los cubos tostados en un bol o en una fuente grande para servir. Rociar un poco de aceite de oliva alrededor de 2 a 3 cucharadas, y mezclar bien. Condimentar con un poco de sal.

4. Para armar la ensalada, presentar la lechuga o arúgula troceada, la cebolla morada, el pan, las rodajas de durazno y la burrata en un plato o tazón para servir. Espolvorear con el pistacho y las hojas de albahaca y, salpicar con la vinagreta. Sazonar con más sal y pimienta si lo desea.

gastronomía latina

TACOS
de carnitas

🕒 **Preparación 20 min**
Cocción 8 horas
Tiempo total 8 horas 20 min
👤 **6 porciones**

Esta receta de carnitas, se puede hacer en la olla de cocción lenta o en una olla instantánea para obtener un cerdo desmenuzado infalible, que es jugoso y sabroso. Perfecto para tacos, tostadas, gorditas, tazones de burrito y muchos platos más. Si te encanta la buena comida mexicana, los tacos de carnitas es una receta que tienes que probar. La carne se envuelve en una cálida tortilla y se cubre con cebolla encurtida y cilantro.

INGREDIENTES

PARA EL CERDO:
- 4 libras de lomo de cerdo
- 6 dientes de ajo picados
- 3 hojas de romero
- 2 cucharaditas de chile en polvo
- 1 cucharada de orégano seco
- 1 cucharada de comino molido
- 1 cebolla amarilla picada
- 2 tazas de jugo de naranja fresco
- 1 jalapeño sin semillas y finamente picado
- 1 cucharadita de sal
- ½ cucharadita de pimienta negra

PARA LOS TACOS:
- ½ taza de cilantro fresco picado en trozos grandes
- 10 tortillas de maíz
- Limones y jalapeños (opcional), para decorar

PARA LAS CEBOLLAS ENCURTIDAS:
- 2 cebollas rojas pequeñas
- Jugo de 3 limones
- 1 cucharada de aceite de oliva
- Sal al gusto
- 2 cucharadas de azúcar morena

INSTRUCCIONES

PARA LAS CEBOLLAS:

1. Cortar la cebolla por la mitad, en rodajas muy finas (una mandolina es muy útil) y colocarla en un bol. Espolvorear con 1 cucharada de sal y un chorrito de jugo de limón, dejar reposar unos 10 minutos. Sumergir las cebollas en agua tibia y dejar reposar otros 10 minutos. Enjuagar y escurrir las cebollas.

2. Agregar el jugo de limón, la sal, el azúcar morena y el aceite, y mezclar bien. Cubrir las cebollas y colocarlas en el refrigerador, las cebollas comenzarán a ponerse rosadas después de aproximadamente 3 horas y se volverán muy rosadas si se dejan toda la noche. Probar nuevamente antes de servir y agregar sal si es necesario.

PARA LAS CARNITAS:

1. En un tazón pequeño, colocar el orégano, el comino, la pimienta negra, la sal y el chile en polvo. Luego, mezclar bien. Frotar la mezcla de especias generosamente alrededor de todo el lomo del cerdo y colocarlo en la olla de cocción lenta.

2. Cubrir la carne de cerdo con la cebolla, el ajo picado, el jalapeño, el romero y el jugo de naranja en la olla de cocción lenta.

3. Tapar y cocinar a fuego lento durante 8-10 horas, o a fuego alto durante 5-6 horas. La carne debe estar tierna y casi desmoronándose.

4. Retirar la carne de cerdo de la olla de cocción lenta a una tabla de cortar grande y usar dos tenedores para desmenuzar la carne. (No deshacerse del líquido ya que se usará en el siguiente paso)

5. En una sartén, verter una cucharada de aceite y cuando ya esté caliente, colocar el cerdo desmenuzado. Añadir 1 taza del líquido reservado de la olla de cocción lenta sobre el cerdo para sazonar. Adicionar más agua y sal, si es necesario.

6. Servir inmediatamente con tortillas calientes, cebolla encurtida, jalapeños, cilantro y jugo de limón.

ENCHILADAS
de pollo

Estas enchiladas están rellenas de pollo desmenuzado y queso, cubiertas con una salsa de tomates horneados y ligeramente especiada que les aporta un exquisito sabor. Son perfectas para comer en la cena o un almuerzo en casa. Normalmente uso tortillas de maíz, pero puedes optar por tortillas de harina. Estas enchiladas se hornean hasta que el queso se derrite y quedan generosamente cubiertas. El relleno de pollo es jugoso y lleno de sabor.

INGREDIENTES
- 8 tortillas de maíz o harina
- Aguacate para servir
- Cilantro para servir

PARA LA SALSA:
- 2 cucharadas de aceite de oliva
- 1 cucharada de mantequilla amarilla
- 2 tazas de caldo de pollo
- ½ taza de pasta de tomate
- 1 lata (400 gramos) de tomates triturados
- 1 cucharadita de ajo en polvo
- 1 cucharadita de cebolla en polvo
- 1 cucharadita de comino
- 1 cucharadita de paprika
- 1 cucharadita de orégano seco
- Sal y pimienta al gusto

PARA EL POLLO:
- 2 pechugas de pollo previamente cocidas y desmenuzadas
- 2 cucharadas de mantequilla amarilla
- 2 cucharadas de aceite de oliva
- ½ cebolla blanca picada
- 3 cucharadas de cilantro picado fresco
- 3 dientes de ajo picados
- 1 taza de queso Monterey
- 1 taza de queso *cheddar*
- 1 taza de quesillo
- ½ taza adicional de quesillo para las quesadillas

INSTRUCCIONES

PARA LA SALSA:

1. En un plato hondo, mezclar las especias (ajo, cebolla, comino, paprika, orégano seco, sal y pimienta) que se utilizará para el pollo y la salsa.

2. En una olla onda, verter 2 cucharadas de aceite de oliva, la pasta de tomate y los tomates triturados. Agregar la mantequilla amarilla y 2 cucharadas de condimentos. Añadir el caldo de pollo y revolver para combinar.

3. Cocinar a fuego lento para espesar: aumentar el fuego ligeramente a medio alto. Cocinar durante 4 minutos, revolviendo regularmente, hasta que la salsa se espese a la consistencia de un jarabe espeso. Retirar de la estufa.

PARA EL POLLO:

1. En un plato hondo, mezclar todos los quesos. En otro plato hondo, poner las pechugas de pollo, aceite de oliva y cubrir con la mezcla del condimento. Revolver hasta que estén bien cubiertas.

2. En una sartén grande a fuego alto, rociar aceite e incorporar la cebolla para cocinar por 3 minutos y revolver constantemente. Sumar la mantequilla amarilla y el ajo. Incorporar el pollo y revolver. Cocinar por 2 minutos.

3. Adicionar dos cucharadas de mantequilla amarilla y 3 cucharadas de cilantro al pollo. Agregar 1 taza de la mezcla de los quesos al pollo y dejar que se derrita mezclando regularmente. Dejarlo reposar.

PARA LAS ENCHILADAS:

1. Precalentar el horno a 180 grados. Colocar la tortilla en la superficie de trabajo. Extender ⅔ de taza de relleno en el tercio inferior, espolvorear con un poco más de queso y luego enrollar, terminando con la costura hacia abajo (para mantenerlo cerrado). Repetir para hacer 8.

2. Untar una cucharada de salsa para enchiladas en la base de un molde. Organizar las enchiladas, verter sobre la salsa restante y espolvorear con queso el queso restante.

3. Hornear de 20 a 25 minutos o hasta que el queso se derrita y esté dorado. Agregar más queso si es necesario. Servir inmediatamente, espolvoreado con cilantro.

TACOS
de pescado con crema de aguacate

Los tacos de pescado crujientes rebozados con cerveza, cargados con una ensalada de col cremosa y ligeramente picante rematados con una crema de aguacate picosa rociada con limón, son el paraíso en una tortilla. Estos tacos realmente son irresistibles y puedes acompañarlos con un poco de cebolla, cilantro y queso fresco.

INGREDIENTES

PARA LA SALSA DE AGUACATE:
- 1 aguacate grande
- 2 cucharadas de crema agria
- 6 cucharadas de aceite de oliva
- ¼ de taza de jugo de limón
- 1-2 chiles jalapeños sin semillas ni venas (opcional)
- Hojas de cilantro, agregar al gusto
- Sal y pimienta al gusto

PARA LA ENSALADA:
- 2 tazas de repollo rallado
- ½ taza de cilantro picado
- ¼ taza de cebolla roja en rodajas finas
- 2 cucharadas de aceite de oliva
- 2 cucharadas de jugo de limón
- Sal y pimienta al gusto

PARA EL PESCADO:
- Aceite para freír
- 1 ½ taza de harina para todo uso, cantidad dividida
- 2 cucharadas de ajo en polvo
- 2 cucharadas de cebolla en polvo
- 1 cucharada de bicarbonato de sodio
- Sal y pimienta al gusto
- 1 cucharada de comino
- 1 cucharada de pimienta de cayena (opcional)
- 1 ½ libra de pescado blanco
- 1 ½ taza de cerveza ligera helada
- 18 tortillas de maíz
-

PARA ADORNAR:
- Maíz fresco
- Tomates *cherry*
- Cilantro
- Limón
- Queso fresco

INSTRUCCIONES

PARA LA SALSA AGUACATE:

1. Colocar todos los ingredientes para el aderezo cremoso de aguacate en un procesador de alimentos pequeño o en una licuadora: el aguacate, la crema, el aceite de oliva, jugo de limón, los jalapeños, cilantro, sal y pimienta al gusto.

2. Licuar hasta que todo esté bien integrado y se tenga un aderezo suave. Probar y ajustar la cantidad de sal/limón según preferencia. Refrigerar hasta que esté listo para usar.

PARA LA ENSALADA:

Mezclar los ingredientes de la ensalada en un tazón mediano: repollo rallado, cilantro picado, cebolla roja en rodajas finas, aceite de oliva, jugo de limón, sal y pimienta al gusto. Refrigerar hasta que esté listo para usar.

PARA EL PESCADO:

1. Verter 2 pulgadas de aceite en una sartén grande de lados altos o en una olla mediana y comenzar a calentar a fuego medio. Si hay un termómetro de aceite, conectarlo a la olla.

2. Integrar en un tazón la harina, la cebolla en polvo, el ajo en polvo, el comino, la paprika, el bicarbonato de sodio, sal y pimienta al gusto.

3. Cortar el pescado en trozos pequeños de no más de 1". Secar bien con toallas de papel. Luego, revolver con harina en un recipiente poco profundo.

4. Cuando el aceite esté caliente, es hora de freír el pescado. Verter la cerveza en un tazón grande de harina y mezclar brevemente durante 4-5 segundos. Sumergir un trozo de pescado en la masa y dejar que el exceso vuelva a gotear en el recipiente. Poner con cuidado en el aceite caliente. Repetir con 5-6 piezas más, asegurándose de no abarrotar la sartén. Dejar que el pescado se cocine durante 3-4 minutos, o hasta que la masa esté dorada por todos lados y el pescado esté bien cocido.

5. Usando pinzas, retirar el pescado del aceite y colocarlo en una rejilla para enfriar colocada sobre una bandeja para hornear. Repetir con el pescado restante.

6. Calentar las tortillas y luego servir con ensalada de repollo, salsa de aguacate, cilantro, queso fresco, pescado crujiente. Espolvorear un poco de maíz, y tomates *cherry* (opcional), para añadir más sabor a los tacos.

NACHOS
de carne a la sartén

🕐 Preparación 20 min
Cocción 20 min
Tiempo total 40 min
👤 6 porciones

Esta receta es un gran platillo inspirado por Leyla, mi hermana que es amante de los nachos. Lo que distingue a esta receta de nachos de res, es la adictiva y jugosa carne ligeramente condimentada, frijoles, chiles verdes picantes y una mezcla de quesos que se derrite en cada tortilla de maíz. Tiene todo lo que te gusta de los nachos clásicos. ¡Prepara tu bistec con anticipación y hornea los nachos en menos de 10 minutos!

INGREDIENTES

PARA LA CARNE:
- 1 ¼ libra de filete res
- 2 cucharadas de salsa inglesa
- 2 cucharadas de aceite de oliva
- 2 cucharadas de jugo de limón
- 1 cucharada de 1 ajo picado
- 1 cucharadita de pimienta de cayena
- 1 cucharadita de comino
- 1 cucharada de ajo en polvo
- 1 cucharada de cebolla en polvo
- Sal y pimienta al gusto

PARA EL GUACAMOLE:
- 3 aguacates maduros
- ½ cebolla pequeña finamente picada
- 2 tomates Roma cortados en cubitos
- 3 cucharadas de cilantro fresco finamente picado
- 1 chile jalapeño sin semillas y finamente picado
- 2 dientes de ajo picados
- Jugo de 1 limón
- 2 cucharadas de aceite de oliva
- Sal y pimienta al gusto

PARA LOS NACHOS:
- 9 onzas (1 bolsa) de frituras de tortilla de su elección
- 2 tazas de queso Monterey Jack rallado
- 1 taza de quesillo
- ⅓ taza de crema agria
- Cilantro y cebolla fresca
- Rodajas de jalapeños (opcional)

INSTRUCCIONES

PARA EL GUACAMOLE:

1. Cortar los aguacates por la mitad, quitarles el hueso y verter en un tazón para mezclar. Aplastar el aguacate con un tenedor y hacerlo tan grueso o suave al gusto.

2. Incluir los ingredientes restantes (tomate, cebolla, cilantro, jalapeños, ajo, limón, aceite de oliva, sal y pimienta al gusto) y mezclar. Probar y agregar una pizca más de sal o jugo de limón si es necesario.

PARA LOS NACHOS:

1. En un tazón pequeño, combinar la salsa inglesa, el aceite de oliva, el jugo de limón, el ajo picado, pimienta cayena, comino, cebolla en polvo, sal y pimienta al gusto. Colocar el bistec en una bolsa de plástico con cierre, luego verter la mezcla en la bolsa con el bistec. Dar vuelta con las manos varias veces, masajeando la marinada en el filete a través de la bolsa. Refrigerar y dejar marinar el bistec durante al menos 2 horas, o solo unos 20 minutos.

2. Después de marinar, precalentar la parrilla o estufa a fuego alto. Retirar el bistec de la bolsa de adobo y colocarlo en la parrilla caliente o en la sartén de hierro fundido en la estufa. Cocinar 8 minutos, por un lado, luego voltear y cocinar otros 5-8 minutos hasta que alcance el grado deseado de cocción.

3. Retirar el bistec del fuego y dejarlo reposar durante 5 minutos antes de cortarlo.

4. Precalentar la parrilla del horno a fuego alto. Rociar una bandeja o una sartén de hierro fundido para hornear ligeramente con aceite. Luego, extender las frituras de tortilla en una capa uniforme sobre la bandeja. Colocar una mezcla de queso Monterey Jack y quesillo con rebanadas de bistec sobre las frituras de tortilla. Repetir el proceso una vez más para que se vea lo más uniformemente posible.

5. Colocar la sartén en el horno hasta que el queso se derrita y las frituras estén crujientes, de 3 a 4 minutos. ¡Cubrir con crema agria, guacamole, cilantro, cebolla, jalapeños y cualquier otro aderezo de su elección!

TACOS
gobernador

Tacos gobernador, es uno de esos clásicos modernos de la cocina mexicana. Es un delicioso plato de taco hecho con camarones, pimientos, cebollas, tomates y crema. Son irresistiblemente deliciosos y desordenados para empezar. Son una especie de cruce entre un taco y una quesadilla, con bocados crujientes y tentadores con queso derretido. Estos deliciosos tacos pueden ser el platillo perfecto para cada ocasión.

INGREDIENTES

- 1 libra de camarones picados en trozos pequeños
- 1 cebolla cortada en juliana
- 1 tomate grande sin semillas y picado
- 1 chiles verdes sin semillas y cortados en juliana
- 2 dientes de ajo grandes finamente picados
- ½ cucharadita de pimentón
- ½ cucharadita de cebolla en polvo
- ½ cucharadita de orégano
- ¼ cucharadita de comino
- 2 cucharadas de salsa adobo, de chiles chipotles enlatados en salsa adobo
- Tortillas, según se requiera
- 1 ½ taza de queso Oaxaca, rallado o queso *mozzarella*
- 3-4 cucharadas de cilantro fresco picado
- 4 cucharadas de mantequilla sin sal
- Aceite para calentar las tortillas
- Sal y pimienta al gusto

PARA SERVIR
- Cilantro
- Limón
- Guacamole

INSTRUCCIONES

1. Mezclar el pimentón, la cebolla en polvo, el orégano, el comino, un poco de sal y pimienta en un tazón pequeño.

2. Calentar la mantequilla en una sartén a fuego medio alto. Agregar la cebolla y saltear hasta que esté suave y a punto de cambiar de color. Agregar los chiles y saltear hasta que estén suaves. Mover la mezcla de cebolla y pimiento a un lado de la sartén, agregar los camarones y cocinar por un par de minutos. Incluir el ajo y cocinar por un minuto. Añadir los condimentos, la salsa de adobo y la sal y la pimienta y mezclar todo junto.

3. Adicionar los tomates junto con el cilantro y cocinar hasta que los camarones estén completamente cocidos. Alejar del calor.

4. Calentar la plancha o la sartén antiadherente a fuego medio alto y rociar un poco de aceite. Colocar las tortillas y calentarlas moviendo en círculos en el aceite. Cuando esté tibio, colocar el queso sobre cada tortilla. Cuando el queso comience a derretirse, agregar la mezcla de camarones encima del queso.

5. Doblar las tortillas con ayuda de una espátula y presionar para que se empiecen a pegar como una quesadilla. Asegurarse de que los camarones y el queso no se caigan.

6. Cocinar hasta que estén crujientes por ambos lados. Servir inmediatamente.

7. Son geniales así, o se pueden servir con guacamole al lado.

QUESADILLAS
de pollo con salsa de tamarindo

Las increíbles quesadillas de pollo están llenas de pollo jugoso, pimientos, frijoles, cebollas, ajo y mucho queso derretido. Son una receta rápida de preparar que puedes acompañar con una deliciosa salsa natural de tamarindo picante hecha por Pizca. En ocasiones, prefiero simplemente mezclar un puñado de ingredientes coloridos que sean saludables y tener una comida sabrosa unos minutos más tarde. Las quesadillas de pollo son una opción realmente rica y con un toque especial.

INGREDIENTES

- 2 libras de pechugas de pollo desmenuzadas
- Aceite de oliva
- 4 cucharadas de chile en polvo
- 2 cucharadas de comino
- 1 cucharada de pimentón
- 1 cucharada de sal
- 1 cucharadita de ajo en polvo
- 1 cucharadita de cebolla en polvo
- 1 cucharadita de orégano
- 1 cucharadita de pimienta negra
- 6 tortillas de harina o maíz
- 1 taza de queso Monterey Jack rallado
- 1 taza de queso *cheddar* rallado
- ½ taza de queso *mozzarella* rallado
- 1 lata (15.5 onzas) de frijoles negros, escurridos y enjuagados
- ½ taza de pimiento morrón cortado en cubitos (cualquier color)
- ½ taza de cebolla picada
- 1 jalapeño mediano, cortado en cubitos (opcional)
- 2 dientes de ajo picados
- ½ taza de cilantro picado

PARA SERVIR

- Crema agria, pico de gallo y guacamole, como guarnición opcional
- Salsa Pizca de tamarindo con chile o cualquier salsa de tu elección

INSTRUCCIONES

1. En una sartén grande y resistente, calentar el aceite a fuego medio-alto. Agregar el pollo desmenuzado y el condimento de los tacos (el chile en polvo, comino, pimentón, sal, ajo, cebolla, orégano, sal y pimienta negra al gusto). En un plato hondo aparte, mezclar los 3 quesos.

2. Saltear durante 4-5 minutos. Luego, añadir el pimiento, los frijoles, la cebolla y el ajo, saltear otros 8 minutos o hasta que todo esté bien mezclado. Verter ½ taza de salsa de tamarindo con chile de Pizca. Dejar cocinar por 4 minutos a fuego lento. Retirar la mezcla de la sartén y reservar.

3. En la misma sartén, incluir ½ cucharadita de aceite y una tortilla. Cubrir con un puñado de queso rallado y ¼ de la mezcla de pollo; luego, con más queso. Doblar la tortilla y cocinar por ambos lados hasta que esté crocante y dorada. Retirar de la sartén y repetir con las tortillas restantes.

4. Para servir: cortar las tortillas por la mitad o en tercios y servirse con crema agria, salsa, guacamole o su salsa favorita. En este caso la mía fue la deliciosa salsa de tamarindo con chile de Pizca. De no disponer de dicha salsa, se puede utilizar cualquier otra, al gusto, para acompañar las quesadillas.

TACO
de tinga de pollo con costra de queso

🕐 **Preparación 15 min**
Cocción 15 min
Tiempo total 30 min
👤 **6 porciones**

Los tacos de pollo con una deliciosa crema de aguacate, envueltos en una costra de queso, están llenos de mucho sabor. La comida mexicana es de mis favoritas y estos tacos son la cena o el almuerzo ideal para cualquier día. Para la costra de queso utilizamos una mezcla de mozzarella, Jack y cheddar que se derriten lentamente y se cocina en una sartén hasta que esté crujiente y caramelizada antes de voltearla para una tostada final. Acompáñalos con la crema de aguacate que es el aderezo perfecto este tipo de platillos.

INGREDIENTES

PARA LOS TACOS:
- 1 ½ libra de pechugas de pollo previamente cocinado y desmenuzado
- 1 taza de caldo de pollo
- ¾ taza de salsa roja taquera
- 1 cucharadita de ajo en polvo
- 1 cucharadita de orégano seco
- 1 cucharadita de hojuelas de pimienta
- 1 cucharadita de cebolla en polvo
- 1 cucharadita de comino molido
- 1 cucharadita de sal y pimienta
- 12 tortillas de maíz calentadas
- 1 taza de queso Jack rallado
- 1 taza de queso *cheddar* rallado
- 1 taza de queso *mozzarella* rallado

PARA LA CREMA DE AGUACATE:
- 2 aguacates grandes partidos a la mitad
- 1 jalapeño o la mitad, depende de lo picante que la desee
- ½ taza de cilantro fresco
- ½ taza de crema agria
- ½ de aceite de oliva
- 2 dientes de ajo
- Jugo de 2 limones
- Sal y pimienta al gusto
- Agregar un poco de agua si es necesario para que se mezcle bien

PARA SERVIR:
- Jalapeños
- Limón
- Cilantro

INSTRUCCIONES

PARA LA CREMA DE AGUACATE:

1. Agregar todos los ingredientes (el aguacate, los jalapeños, el cilantro, la crema agria, aceite de oliva, limón, sal y pimienta al gusto) en un procesador de alimentos o en una licuadora. Mezclar hasta que esté suave. Ajustar de sal y agua, según sea necesario.

2. Refrigerar mientras prepara los tacos.

PARA LOS TACOS:

1. Calentar 2 cucharadas de aceite de oliva en una sartén grande a fuego alto. Cuando el aceite esté listo agregar el pollo. Cocinar hasta 2-3 minutos. Luego, voltear y añadir el ajo en polvo, la cebolla en polvo, comino, orégano seco, hojuelas de pimienta, sal y pimienta. Cocinar otros 3-5 minutos, hasta que esté fragante y revolver gradualmente. Verter la salsa de roja taquera, el caldo de pollo y reducir el fuego a lento y cocinar hasta que la salsa se espese y el pollo esté bien cocido, unos 10-15 minutos. Probar el pollo, sazonar con sal y pimienta si es necesario. Retirar del fuego.

2. En otra sartén, combinar ½ de la mezcla de los quesos (*mozzarella*, Jack y *cheddar*) hasta que esté dorado de las orillas. Voltear y colocar la tortilla de maíz. Voltear nuevamente y agregar la mezcla del pollo. Cocinar y doblar la tortilla nuevamente durante 2 minutos cada lado. Salpicar aceite si es necesario, para freír la tortilla. Repetir hasta terminar la mezcla del pollo.

3. Servir los tacos cubiertos con salsa de aguacate, jalapeño, limones y cilantro.

TOSTADA
de ceviche de pulpo con guacamole

🕐 Preparación 15 min
Cocción 30 min
Reposo de 60 min
Tiempo total 105 min
👤 4 -6 porciones

El ceviche de pulpo es una combinación de pulpo tierno con jugo de limón picante, cebollas rojas, tomates cherry, rábano, cebolla, cilantro y chiles para un aperitivo ligero y refrescante. Para esta receta, elegí vegetales ligeramente diferentes al ceviche común, como los tomates cherry, ya que estos equilibran la acidez del ceviche tradicional agregando un sabor dulce. Un buen toque de calor con chile habanero para darle el sabor picoso. Las hierbas como el cilantro y la menta aportan mucha frescura al plato. Lo acompañamos con un cremoso guacamole y tostadas de maíz.

INGREDIENTES

PARA EL CEVICHE:

- 2 libras de carne de pulpo precocido
- 1 ¼ taza de jugo de limón recién exprimido
- 1 cebolla roja pequeña en rodajas finas
- 1-2 chiles serranos o jalapeños picados
- ¼ taza de cilantro picado
- ¼ taza de aceite de oliva virgen extra
- Sal y pimienta para probar
- ¾ taza de tomates *cherry* cortados en mitades
- ½ taza de rábano en rodajas finas
- 1-2 ramitas de menta solo las hojas arrancadas opcional

PARA EL GUACAMOLE:

- 3 aguacates medianos maduros
- 1 jalapeño fresco sin semillas picado
- 1 diente de ajo picado
- 2 cucharadas de aceite de oliva
- 2 cucharadas de hojas de cilantro picadas
- ¼ taza de crema agria
- 1 cucharada de jugo de limón recién exprimido o más al gusto
- Sal y pimienta al gusto

PARA SERVIR:

- Cilantro
- Jugo de limón

INSTRUCCIONES

PARA EL CEVICHE:

1. Cortar cada brazo en rebanadas de ¼ a ½ de pulgada. Desechar el centro y cortar la cabeza como si fuera un calamar o en dados, lo que prefiera. Colocar en un plato hondo y agregar 1 taza de jugo de limón, sal, pimienta y aceite de oliva. Dejar marinar 1 hora.

2. En un tazón pequeño, incluir agua fría y la cebolla morada. Dejar unos 10 minutos. Colar y desechar el agua.

3. Una vez que haya pasado la hora, en otro tazón, mezclar los tomates, cebolla, rábano, cilantro y jalapeño. Incluir el resto del jugo de limón, sal y pimienta.

4. Incorporar la mezcla de las verduras al pulpo y dejar que se integren los ingredientes por otros 20-30 minutos. Utilizar ese tiempo para preparar el guacamole.

PARA EL GUACAMOLE:

1. Pelar los aguacates y quitarles el hueso. Aplastar la carne de 1 ½ de ellos con el dorso de un tenedor y cortar el resto en cubos de ¼ a ½ de pulgada.

2. Integrar el puré de aguacate con el chile, el ajo y el cilantro. Adicionar crema o crema agria, si la usa, y jugo de limón. Sumar sal y pimienta al gusto.

3. Agregar los aguacates cortados en cubitos en la mezcla de puré de aguacate. Probar el sabor por si necesita más sal, pimienta o limón y agregar.

PARA SERVIR:

En una tortilla de maíz, untar 2 cucharadas de guacamole y poner ceviche de pulpo. Servir con un poco de cilantro y jugo de limón al gusto.

Disfrutar

BURRITO
bowl

🕐 Preparación 30 min
Cocción 20 min
Tiempo total 50 min
👤 4 porciones

Este colorido tazón de arroz con cilantro y limón acompañado de piña caramelizada, ensalada de pepino y bistec sazonado con una salsa cremosa de chile habanero, está lleno de sabores. Una fresca y brillante ensalada de pepino, tomates cherry y maíz asado que logran un equilibrio de sabor dulce y salado. La salsa de crema agria de habanero añade un sabor picoso a este bowl. Esta combinación, es deliciosa.

INGREDIENTES

PARA EL *RIB EYE*:
- 500 gramos de *rib eye* o filete de tu elección
- 1 cucharada de ajo en polvo
- 1 cucharada de paprika
- 1 cucharada de cebolla en polvo
- 1 cucharada de sal
- 1 cucharada de pimienta negra
- 2 cucharadas de salsa inglesa
- 1 cucharada de salsa soya
- 2 cucharadas de aceite de oliva

PARA EL ARROZ DE CILANTRO Y LIMÓN:
- 2 tazas de arroz
- 2 tazas de agua
- 3 cucharadas de aceite de oliva
- 1 cucharada de sal o más al gusto
- 1 cucharada de pimienta negra
- 1 cucharada de comino
- 2 dientes de ajo picados
- 1 cucharada de cebolla en polvo
- 3 cucharadas de cilantro fresco picado
- 2 cucharadas de jugo de limón

PARA LA ENSALADA DE PEPINO:
- ½ taza de maíz asado
- ½ taza de tomates *cherry* partidos a la mitad
- 2 pepinos persas picados
- 1 chile jalapeño sin semillas y rebanado
- ½ taza de cilantro fresco picado
- 2 cucharadas de aceite de oliva virgen extra
- 2 cucharadas de vinagre de sidra de manzana
- 2 cucharadas de jugo de limón
- Sal y pimienta al gusto

PARA LAS CEBOLLAS ROJAS EN ESCABECHE RÁPIDO:
- ½ taza de vinagre de sidra de manzana
- 1 cucharada de azúcar
- 1 ½ cucharaditas de sal
- 1 cebolla roja mediana en juliana

PARA LA PIÑA ASADA:
- 4 rodajas de piña partidas a la mitad
- Azúcar morena
- 2 cucharadas de mantequilla amarilla sin sal o aceite de coco

PARA LA SALSA DE HABANERO:
- ½ chile habanero sin semillas
- 20 gramos de cilantro fresco
- 2 cucharadas de aceite de oliva
- 100 mililitros de crema ácida
- 1 diente de ajo
- 1 pizca de sal
- 1 pizca de pimienta negra
- 1 cucharada de limón

PARA SERVIR *BOWL*:
- Cilantro fresco
- Limón en rodajas
- Aguacate
- Rábano cortado en rodajas
- Tortillas de harina para acompañar

INSTRUCCIONES

PARA EL ARROZ:

1. En una sartén honda, agregar 2 cucharadas de aceite de oliva y 2 dientes de ajo. Agregar el arroz, cocinar y revolver constantemente por 2 minutos. Añadir la cebolla en polvo, el comino, la sal y pimienta. Luego, incorporar el agua y llevar a ebullición, tapar y reducir a fuego lento. Cocinar a fuego lento durante 20 minutos (o verificar instrucciones en el paquete de su arroz).

2. Destapar y esponjar con un tenedor. Luego, incluir el cilantro, jugo limón y revolver para combinar. Dejar enfriar durante 1 minuto y luego rociar 1 cucharada restante de aceite de oliva, un poco de sal y jugo de limón si lo requiere. Revolver para combinar y, sazonar al gusto.

PARA LAS CEBOLLAS ROJAS EN ESCABECHE:

Batir el vinagre, el azúcar y la sal en un bol hasta que se disuelva. Sumar la cebolla y revolver para cubrir. Dejar reposar la cebolla a temperatura ambiente durante al menos 20 minutos y hasta 1 hora, luego cubrir y refrigerar hasta que esté lista para usar (hasta por 2 semanas).

PARA LA PIÑA ASADA:

1. Espolvorear azúcar morena sobre la piña cubriendo uniformemente ambos lados. En una sartén, derretir mantequilla amarilla. Solo engrasar un poquito la parrilla, por lo que no hace falta echar demasiada.

2. Colocar las rodajas de piña (quizá requiera dos rondas). Dejar un par de minutos a fuego lento y darle la vuelta. Hacer lo mismo por el otro lado. Cuando queden un poco tostadas, sacarlas y dejarlas a un lado.

PARA LA ENSALADA DE PEPINO:

Para hacer la ensalada, combinar los pepinos, el chile serrano, el cilantro, los tomates *cherry* y el maíz asado en un tazón. Mezclar con aceite de oliva, vinagre, jugo de limón, y sazonar con sal y pimienta al gusto.

PARA LA CREMA DE HABANERO:

Poner en un procesador de alimentos los ingredientes, la crema, el cilantro, el chile habanero, el ajo, aceite de oliva, jugo de limón, sal y pimienta. Procesar hasta obtener una salsa cremosa. Verter un poco de agua y más sal si es necesario.

PARA EL *RIB EYE*:

1. Secar el bistec de ambos lados. Sazonar con sal, pimienta negra, ajo en polvo, cebolla en polvo y paprika. Añadir la salsa inglesa y la salsa soya. Con los dedos masajear suavemente el bistec.

2. Calentar una sartén y rociar aceite de oliva. Cubrir todo el fondo de la sartén. Colocar el bistec y cocinar por 5 minutos o hasta que se dore en el fondo.

3. Voltear el bistec. Continuar cocinando durante 5 minutos más para obtener un bistec poco hecho, rociando el bistec con el aceite de oliva. Inclinar la sartén para facilidad al verter el aceite sobre el bistec.

4. Verificar la temperatura interna antes de retirar del fuego. Para un bistec poco hecho, la temperatura interna debe ser de 120 °F; para medio-raro debe ser alrededor de 125 °F y 130 °F. Los filetes más gruesos tardarán más en cocinarse.

5. Retirar del fuego e inmediatamente transferir el bistec a una tabla para cortar. Dejar reposar de 8 a 10 minutos antes de rebanar y servir.

PARA SERVIR *BOWL*:

1. Colocar el arroz en el plato, el bistec partido, la ensalada de pepino, la cebolla encurtida, la piña, el aguacate, el rábano y verter la salsa de habanero encima.

2. Cubrir con cilantro fresco y exprimir jugo de limón al gusto. Acompañarlo con tortilla de harina, y listo!

> "Ser mujer hondureña e hija de padres árabes, me ha dado la oportunidad de poder destacar en lo que me apasiona. Es un signo de **fortaleza y lucha diaria.**"

hamburguesas y sándwiches

SÁNDWICH
de bistec con queso

Estos sándwiches están hechos con carne de bistec en rodajas finas, cebolla caramelizada, hongos y queso provolone derretido. Esta receta de bistec con queso, es un sándwich sustancioso, delicioso y reconfortante que es fácil de preparar en casa. Si eres un fanático del bistec como yo, te encantarán. ¡Están listos en unos 30 minutos!

INGREDIENTES

PARA EL SÁNDWICH:
- 3 pan *ciabatta*
- 3 cucharadas de mantequilla sin sal
- 1 cebolla blanca en juliana
- 2 dientes de ajo picados
- 200 gramos de hongos partidos
- 16 onzas de bistec en rodajas finas o de tu elección
- Sal y pimienta al gusto
- 2 cucharadas de salsa inglesa
- 2 cucharadas de salsa soya
- 4 cucharadas de vinagre balsámico
- 2 cucharadas de azúcar morena
- 1 cucharada de ajo en polvo
- 1 cucharada de cebolla en polvo
- 3 rebanadas de queso *provolone*

PARA LA SALSA:
- 1 taza de mayonesa
- 1 cucharada de salsa Dijon
- 1 cucharada de salsa inglesa

INSTRUCCIONES

PARA LA SALSA:

En un tazón hondo mezclar la mayonesa, la salsa Dijon y la salsa inglesa. Dejar a un lado mientras se prepara los sándwiches.

PARA EL SÁNDWICH:

1. Untar con mantequilla el interior de los panes con 1 cucharada de mantequilla. Dejar que este la absorba. Reservar.

2. En una sartén a fuego medio, agregar 1 cucharada de mantequilla. Una vez derretido y burbujeante, agregar la cebolla y el ajo. Cocinar, revolviendo ocasionalmente por 5 minutos, rociar una cucharada de azúcar morena, salsa soya, salsa inglesa, dos cucharadas de vinagre balsámico, sal y pimienta al gusto. Cocinar hasta que la cebollas se vuelvan translúcidas. Remover de la sartén y poner a un lado.

3. Sazonar el chuletón con sal, pimienta, ajo y la cebolla en polvo. Agregar 1 cucharada de mantequilla a la sartén. Una vez derretido y burbujeante, incluir una cucharada de salsa soya, salsa inglesa, vinagre balsámico y cocine durante 8 minutos, revolviendo ocasionalmente. Una vez pasados los 8 minutos incorporar los hongos y revolver. Cocinar por 8 minutos más. Añadir la cebolla y cocine por 5 minutos a fuego medio. En este momento es necesario tostar el pan hasta que esté dorado.

4. Reducir el fuego a bajo. Probar y sazonar con sal y pimienta si es necesario. Dividir la mezcla de bistec en 3 lados en la sartén. Colocar dos trozos de queso en cada mitad y deje que se derrita, aproximadamente 1 minuto. Vierta una cucharada de la salsa en cada pan.

5. Verter la mezcla de bistec con queso en los panes. Servir inmediatamente.

Disfrutar

HAMBURGUESA
de falafel

Saborizada con una mezcla de especias del Medio Oriente y hierbas frescas, esta receta de hamburguesa de falafel es deliciosa. Una textura gruesa es clave; si los garbanzos están muy finos, el falafel será denso. Usando los principales ingredientes de falafel que amamos, esta hamburguesa vegetariana es muy abundante y súper sabrosa.

INGREDIENTES

PARA EL FALAFEL:
- 1 lata (15 onzas) de garbanzos escurridos y enjuagados
- 1 diente de ajo
- ½ taza de perejil fresco picado
- ½ taza de cilantro fresco picado
- 1 cucharadita de comino molido
- 1 cucharadita de ajo en polvo
- 1 cucharadita de cebolla en polvo
- ½ cucharadita de cayena en polvo
- 3 cucharadas de harina para todo uso
- 1 cucharada de polvo para hornear
- Sal y pimienta
- 2 cucharadas de aceite de oliva

PARA LA HAMBURGUESA:
- 3 pan *brioche* o el de tu elección
- 1 tomate en rodajas
- 1 pepino en rodajas
- 1 cebolla roja cortada en juliana
- 1 cucharadita de orégano seco
- Lechuga romana o de su elección
- Sal y pimienta
- Aceite de oliva
- 2 cucharadas de jugo de limón
- Mantequilla amarilla para el pan

PARA LA SALSA:
- ¼ taza de *tahini*
- ½ yogur griego
- ¼ taza de aceite de oliva virgen extra
- 3 cucharadas de jugo de limón fresco
- 2 cucharaditas de miel cruda
- ½ cucharadita de sal y pimienta
- 2 cucharadas o más de agua helada

INSTRUCCIONES

PARA LA SALSA:

1. En un tazón pequeño, combinar todos los ingredientes (*tahini*, yogur griego, aceite de oliva, jugo de limón, miel, sal, pimienta y agua) y mezclar bien hasta que quede suave.

2. Adicionar más agua helada, si es necesario, para alcanzar la consistencia deseada. Sazonar con un poco más de sal y pimienta si es necesario.

PARA LA HAMBURGUESA:

1. Combinar todos los ingredientes de la hamburguesa de falafel en un procesador de alimentos (garbanzos, ajo, perejil, cilantro, comino, sal, pimienta, cayena en polvo, ajo en polvo, cebolla en polvo, harina, polvo para hornear y aceite de oliva). Dividir la mezcla y formar 3 empanadas o hasta que se acabe la mezcla.

2. Calentar el aceite en una sartén, formar una pequeña bolita y fría. Probar si necesita más sal o pimienta. Una vez que esté bien de sabor, formar las tortitas de falafel suficientemente grandes, freír por ambos lados hasta que estén doradas. Reservar para escurrir sobre una rejilla. Agregar un poco de mantequilla amarilla sin sal al pan *brioche* de ambos lados y tostar.

3. Condimentar la cebolla morada y el pepino con un poco de orégano seco, sal, pimienta, un poco de jugo de limón, aceite de oliva y dejar a un lado.

4. Colocar el aderezo sobre el pan *brioche*, cubrir con la lechuga, tomate, adicionar la torta de falafel, una cucharada de aderezo, cebolla roja, pepino y aderezo si se desea y cubrir.

KEBAB PITA
con ensalada de *tahini*

Estos sándwiches en pan pita con una ensalada de tahini son realmente deliciosos y refrescantes con pepino, tomate y perejil. El relleno de carne molida en este platillo de estilo árabe es reconfortante. El kebab es una receta del Medio Oriente, elaborada con una mezcla muy simple de carne molida, generalmente de res, cerdo o una combinación de ambos, especias y perejil. La combinación del kebab con esta ensalada hacen un sándwich perfecto ideal para comer en cualquier momento.

INGREDIENTES

PARA EL KEBAB:
- ½ libra de carne de cerdo
- ½ libra de carne de res
- 1 huevo grande
- 1 manojo de perejil fresco picado
- 4 dientes de ajo, pelados y finamente picados
- 1 cucharadita de comino molido
- 1 cucharadita de cilantro molido
- 1 cucharadita de paprika
- 1 cucharadita de orégano seco
- ½ cucharadita de sal
- ¼ cucharadita de pimienta negra molida
- 4 cucharadas de aceite de oliva

PARA EL SÁNDWICH:
- 4 pita grande
- 300 gramos de perejil fresco picado
- ¼ cebolla roja grande picada
- 1 tomate grande picado
- ½ pepino inglés mediano picado
- Jugo de un limón
- 1 cucharadita de comino
- Sal y pimienta al gusto
- 3 cucharadas de aceite de oliva
- ⅓ de *tahini*

PARA SERVIR:
- Perejil fresco picado
- Menta fresca o eneldo

INSTRUCCIONES

PARA EL KEBAB:

1. Precalentar el horno a 300 grados. En un bol, mezclar todos los ingredientes (la carne de res, de cerdo, perejil, huevo, comino, cilantro, paprika, orégano, sal, pimienta, y aceite de oliva).

2. Hacer el molde de la carne en forma de bolitas largas y colocar la mezcla en un molde para pan engrasado de 9x5 pulgadas y cocinar en el horno durante aproximadamente 30 minutos o hasta que la parte superior esté ligeramente dorada.

PARA LA ENSALADA:

Disponer en un tazón: el tomate, pepino, *tahini*, aceite de oliva, limón, comino, perejil, sal y pimienta. Mezclar y sumar sal y pimienta al gusto.

PARA EL SÁNDWICH:

1. Puede cortarse el pan inmediatamente si se desea. Pero, para obtener los mejores resultados, enfriar completamente. Envolverlo en papel de aluminio y refrigerar hasta que esté firme. Para recalentar, esparcir un poco de aceite de oliva a una sartén grande, cortar el pan por la mitad muy fino y dorar las rebanadas en la sartén caliente durante unos minutos.

2. Armar los sándwiches con pan de pita, calentado y tostado. Untar un poco de la ensalada y agregar 2-3 kebab.

3. Servir con perejil picado, menta o eneldo fresco.

HAMBURGUESA
de pollo con ensalada de repollo

⏱ **Preparación 15 min**
Cocción 30 min
Tiempo total 45 min
👤 **4 porciones**

Estas hamburguesas, serán tu nueva forma favorita de disfrutar el pollo a la barbacoa. El marinado del pollo, la ensalada de col cremosa, la mostaza y los pepinillos picantes crean un sabor muy especial. Estas hamburguesas, son lo suficientemente sabrosas como para disfrutarlas en cualquier momento. La ensalada es una mezcla de sabores únicos que agrega la cantidad perfecta de crujido.

INGREDIENTES

PARA EL POLLO:
- 6 filetes de muslo de pollo
- 1 taza de salsa barbacoa ahumada
- 1 cucharada de *sriracha*
- 1 cucharada de salsa soya
- 1 cucharada de azúcar morena
- 1 cucharada de paprika
- 1 cucharadita de ajo en polvo
- 1 cucharada de cebolla en polvo
- 2 cucharadas de aceite de oliva
- 3 cucharadas de mantequilla amarilla

PARA LA HAMBURGUESA:
- 1 taza de repollo rojo rallado
- 6 lascas de queso *cheddar* o el de tu elección
- 2 zanahorias medianas, peladas y ralladas
- ½ taza de hojas de perejil frescas sueltas, picadas en trozos grandes
- 1 taza de mayonesa
- 2 cucharadas de vinagre de sidra de manzana
- 2 cucharadas de mostaza Dijon
- 1 cucharadita de semillas de apio
- ¼ cucharadita de sal fina
- ¼ cucharadita de pimienta negra molida
- 1 a 2 cucharaditas de azúcar o miel (opcional para una ensalada de col más dulce)
- 1 taza de pepinillos en rodajas
- 6 panes de hamburguesa *brioche*, partidos y tostados

INSTRUCCIONES

PARA EL POLLO:

1. En un recipiente, mezclar el pollo con todos los ingredientes (salsa barbacoa, *sriracha*, salsa soya, azúcar morena, paprika, ajo en polvo, cebolla en polvo, sal y pimienta). Dejar reposar por 20 minutos.

2. Calentar una sartén con un poco de aceite de oliva y mantequilla amarilla. Cocinar durante 5 minutos por cada lado o hasta que esté bien cocido. Tapar y dejar que se cocine de cada lado hasta que esté listo, alrededor de 10 minutos. Agregar más salsa al pollo y dejar reposar por 5 minutos a fuego lento para que absorba la salsa. Voltear y repetir.

PARA LA HAMBURGUESA:

1. En un recipiente hondo, colocar el repollo rojo, la zanahoria, la cebolla tierna, el perejil y la mayonesa. Mezclar para combinar. Agregar el vinagre, la mostaza, las semillas de apio, sal, pimienta y la miel (opcional).

2. Organizar las bases de pan en platos para servir. Cubrir con una cucharada de salsa barbacoa, agregar el pollo, una lasca de queso *cheddar*, la mezcla de ensalada de col, pepinillos y por último las tapas de pan. Servir con las papas fritas.

LULU'S BURGER

⏱ Preparación 15 min
Cocción 30 min
Tiempo total 45 min
👤 4 porciones

hamburguesa de pescado crujiente con salsa tártara casera

No hay mejor combinación que el pescado frito crujiente y la salsa tártara cremosa y picante. Esta receta de hamburguesa será perfecta cuando tengas antojo de algo delicioso, gracias al jugoso filete que va acompañado de una capa de ensalada de col fresca. Combinalo con papas al horno. ¡Te va a encantar! Es la receta favorita de Lulu, mi hermanita, por esa razón el nombre del platillo.

INGREDIENTES

PARA LA SALSA TÁRTARA:
- 100 gramos de pepinillos encurtidos grandes finamente picados
- 3 jalapeños finamente picados
- 30 gramos de perejil finamente picado
- ½ taza de alcaparras finamente picadas
- 2 tazas de mayonesa
- Una cucharada de mostaza Dijon
- Jugo de 1 limón
- Sal y pimienta al gusto

PARA EL PESCADO:
- 4 filetes de pescado
- 1 cucharada de sal o más al gusto
- ½ cucharadita de pimienta negra (o al gusto)
- 1 taza de harina para todo uso
- 1 cucharada de ajo en polvo
- 1 cucharada de cebolla en polvo
- 1 cucharada de pimentón
- 2 cucharaditas de adobo de pescado
- 1 huevo grande ligeramente batido
- 1 ⅓ tazas de cerveza
- Aceite para freír

PARA LAS HAMBURGUESAS:
- 4 panes de hamburguesa *brioche*, partidos y tostados
- ½ cebolla morada cortada en juliana
- 1 taza de repollo morado rallado
- 1 zanahoria pelada y rallada
- 1 taza de mayonesa
- 40 gramos de cilantro picado
- 1 cucharadita de mostaza Dijon
- Sal y pimienta al gusto
- 2 cucharadas de jugo de limón
- 1 jalapeño fresco partido en rodajas finas

INSTRUCCIONES

PARA LA SALSA TÁRTARA:

1. En un plato hondo, mezclar todos los ingredientes (pepinillos, perejil, alcaparras, jalapeños, mostaza, mayonesa, jugo de limón, sal y pimienta).

2. Dejar reposar en la refrigeradora hasta que esté listo.

PARA LA ENSALADA DE REPOLLO:

1. En un plato hondo, combinar el repollo, la zanahoria, la cebolla, la mayonesa, la mostaza, sal, pimienta y jugo de limón. Revolver, probar y sazonar con un poco de sal y pimienta si es necesario.

2. Añadir el cilantro y revolver gradualmente. Reservar en la refrigeradora.

PARA EL PESCADO:

1. En una olla profunda, rociar aceite para freír el pescado. Es necesario que cubra el pescado con el aceite. Calentar a 375 ˚F.

2. Secar el pescado con toallas de papel y, sazonar con sal y pimienta.

3. Para hacer la masa de cerveza, incorporar la harina, el ajo en polvo, la cebolla en polvo, el pimentón, la sal, la pimienta y el adobo de pescado. Adicionar el huevo ligeramente batido. Luego, verter gradualmente la cerveza hasta que se forme la masa. Revolver gradualmente hasta que ya no tenga grumos.

4. Sumergir rápidamente el pescado una pieza a la vez en la masa. Luego, colocarlo en el aceite caliente. Cocinar durante 3 a 4 minutos, o hasta que el pescado esté dorado. Escurrir sobre una rejilla.

5. Tostar un poco el pan *brioche*, agregar salsa tártara a cada rodaja de pan, el pescado frito, la ensalada y los jalapeños (opcional). Ponerle más salsa si se desea y cubrir.

Disfrutar

GYROS
de pollo con salsa *tzatziki*

La marinada para el pollo de esta receta griega, es tan buena que la uso incluso cuando no estoy haciendo gyros. La salsa tzatziki lleva yogur, limón, ajo y orégano, ingredientes griegos clásicos que infunden sabor al pollo y lo ablandan. El toque del queso feta a la salsa le da esa cremosidad y sabor que simplemente hace que tu gyro quede espectacular.

INGREDIENTES

PARA EL POLLO:
- 2 libras de pechugas de pollo deshuesadas
- ⅓ taza de aceite de oliva
- 6 dientes de ajo picados
- 2 cucharadas de vinagre balsámico
- 2 cucharadas de jugo de limón
- 2 cucharaditas de orégano seco
- 1 cucharadita de comino
- 1 cucharadita de albahaca seca
- 1 cucharadita de cebolla en polvo
- 1 cucharadita de sal o más al gusto
- ½ cucharadita pimienta o más al gusto
- ½ cucharadita de paprika
- ½ de la salsa *tzatziki* sin el pepino (para esto hay que agregarle al pollo la salsa antes de agregar el pepino y el queso feta)

PARA LA SALSA *TZATZIKI*:
- ¾ pepino inglés o 1 pepino en rodajas pelado
- ½ cucharadita de sal
- 1 ¼ taza de yogur griego
- 2 cucharadas de aceite de oliva virgen extra
- 1 cucharada de jugo de limón
- 1 cucharadita de vinagre de vino tinto
- 1 cucharada de eneldo fresco picado
- 2-3 dientes de ajo picados
- ¼ cucharadita de orégano seco
- 1 cucharadita de menta picada (opcional)
- 150 gramos de queso feta

PARA EL *GYRO*:
- 4-6 panes pitas
- 3 tomates Roma en rodajas
- ½ pepino pelado, en rodajas
- ¼ cebolla roja en juliana
- ½ pimiento verde en juliana
- 1 ½ taza de lechuga romana picada

PARA SERVIR:
- Queso feta
- Eneldo fresco picado
- Perejil fresco picado

INSTRUCCIONES

PARA LA SALSA *TZATZIKI*:

1. Cortar el pepino por mitad a lo largo y quitar las semillas con una cuchara. Luego, rallarlo finamente.

2. Agregar el pepino rallado a un colador de malla fina y espolvorear con ½ cucharadita de sal. Revolver y dejar reposar 15 minutos.

3. Después, usar la parte posterior de una taza medidora o una espátula para empujar los pepinos contra el colador para liberar el exceso de agua. Repetir varias veces hasta que ya no salga agua del pepino.

4. Adicionar todos los ingredientes de *tzatziki* a un tazón mediano (el yogur, aceite de oliva, jugo de limón, vinagre de vino tinto, eneldo, ajo picado, orégano seco, menta), y revolver para combinar. Sazonar con sal y pimienta al gusto. Probar y sumar eneldo adicional o jugo de limón si lo desea.

5. Antes de añadir el pepino y el queso feta, rociar dos cucharadas de salsa al pollo. Una vez que haya vertido la salsa *tzatziki* al pollo, poner el pepino, el queso feta y dejar enfriar por al menos 30 minutos, o de preferencia 1 hora.

PARA EL POLLO:

1. Batir todos los ingredientes de la marinada griega en un tazón y agregar el pollo (el aceite de oliva, los dientes de ajo picados, vinagre balsámico, jugo de limón, orégano seco, comino, albahaca seca, cebolla en polvo, sal, pimienta, paprika). Agregar dos cucharadas de *tzatziki* al pollo. Dejar marinar 30 minutos en el refrigerador.

2. Retirar el pollo del refrigerador y dejarlo reposar a temperatura ambiente de 20 a 30 minutos antes de cocinarlo.

3. Calentar una cucharada de aceite de oliva en una sartén grande a fuego medio alto. Una vez que esté muy caliente, escurrir el pollo de la marinada, secarlo y verterlo a la sartén (trabajar en lotes si es necesario). Cocinar sin tocar durante 3-4 minutos, o hasta que esté bien dorado, por un lado. Voltear el pollo, cubrir y reducir el fuego a medio. Continuar durante 4-6 minutos más aproximadamente (dependiendo del grosor del pollo), o hasta que el pollo esté bien cocido. Retirar a la tabla de cortar y dejar reposar 5 minutos antes de rebanar.

PARA EL *GYRO*:

1. Calentar el pan pita en el horno o en un microondas.

2. Cubrir las pitas con lechuga, tomates, pimientos, pepino, cebolla, pollo y salsa *tzatziki*.

3. Servir con queso feta, eneldo o perejil fresco picado.

🕐 **Preparación 15 min**
Cocción 20 min
Tiempo total 35 min
👤 **4 porciones**

¡Tu nueva receta de hamburguesa favorita!

Se llama Jesus Burger, porque es la favorita de mi hermano. No hay nada como una hamburguesa jugosa muy bien marinada y sazonada. La mezcla de queso cheddar y queso de cabra en un pan brioche tostado, acompañada de deliciosos gajos de papa. Prepara una salsa deliciosa acompañada de cebolla caramelizada con trozos de tocino hace que esta hamburguesa sea otro nivel. La salsa agrega el elemento picante perfecto, mientras que el sabor del queso de cabra, el americano y la dulzura de la miel entre la cebolla y el tocino realmente lo unen todo.

JESUS BURGER

hamburguesa de dos quesos con tocino y salsa cremosa de cebolla caramelizada

INGREDIENTES

PARA LA HAMBURGUESA:
- 1 libra de carne molida
- 1 huevo grande
- ½ cucharadita de cebolla en polvo
- ½ cucharadita de ajo en polvo
- Sal y pimienta al gusto
- 30 gramos de mantequilla amarilla sin sal
- 3 cucharadas de salsa inglesa
- 4 panecillos de pan *brioche*

PARA LA CEBOLLA:
- 4 tiras de tocino picadas
- ½ cebolla morada picada
- 20 gramos de mantequilla amarilla sin sal
- 2 cucharadas de vinagre balsámico
- 1 cucharada de azúcar morena
- ¼ taza de miel
- Sal y pimienta al gusto

PARA LA SALSA:
- 4 tiras de tocino enteras
- ½ taza de mayonesa
- 1 cucharadita de ajo en polvo
- 1 cucharadita de cebolla en polvo
- 1 cucharadita de paprika
- 1 cucharadita de *sriracha*
- 1 cucharada de mostaza Dijon
- 1 cucharada de salsa soya
- 1 cucharada de jugo de limón
- Sal y pimienta al gusto
- Aceite de oliva

INSTRUCCIONES

PARA LA SALSA:

1. En una sartén, rociar una cucharada de aceite de oliva. Al estar caliente, colocar las tiras de tocino. Cocinar a fuego medio (alrededor de 3 minutos de cada lado).

2. Una vez que el tocino esté listo, incluir los ingredientes de la salsa a una licuadora o procesador de alimentos (mayonesa, mostaza Dijon, ajo en polvo, paprika, cebolla en polvo, *sriracha*, salsa soya, jugo de limón, sal y pimienta) y mezclar hasta formar una pasta. Salpicar una cucharada de agua si es necesario y revolver.

3. Remover la salsa del recipiente con una espátula de cocina y agregar a un plato hondo. Probar y condimentar con un poco de sal o pimienta si es necesario. Refrigerar hasta que esté listo para utilizar en las hamburguesas.

PARA LAS CEBOLLAS Y EL TOCINO:

1. En una sartén, rociar una cucharada de aceite de oliva y sofreír el tocino picado, revolver para que se cocine uniformemente. Toma alrededor de 5-7 minutos. Remover el tocino de la sartén con los jugos en un plato hondo.

2. En la misma sartén, añadir una cucharada de mantequilla amarilla, la cebolla y cocinar a fuego lento por 2 minutos. Revolver y adicionar la vinagreta, la miel, azúcar morena, sal y pimienta. Tapar y cocinar a fuego medio por 3 minutos. Revolver y cocinar las cebollas por 2 minutos más a fuego lento, tapadas.

3. Incorporar el tocino a la sartén y mezclar. Sumar sal y pimienta si es necesario. Revolver y cocinar a fuego lento por 4 minutos siempre tapando la sartén.

4. Reservar a un lado.

PARA LAS HAMBURGUESAS:

1. En un tazón grande, combinar la carne molida, el huevo, la cebolla en polvo, el ajo en polvo, la mantequilla amarilla, la salsa inglesa y una pizca de sal y pimienta. Mezclar bien, hasta que los ingredientes estén incorporados uniformemente. Distribuir la mezcla en 4 hamburguesas del mismo tamaño (un cuarto de libra). Rociar cada lado de las hamburguesas con aceite y dejar a un lado.

2. Precalentar el horno a 250 grados. Calentar una sartén con aceite de aguacate u otro preferido. Una vez caliente, agregar sus hamburguesas. Cocinarlas a su gusto, volteándolas (5-6 minutos por cada lado para que estén medianas). Retirarlas de la sartén y dejarlas reposar por solo un par de minutos. Dejar la estufa encendida, con el fuego a medio-bajo.

3. Tomar los panecillos y partir en dos. Esparcir un poco de mantequilla amarilla sobre cada lado y colocar la parte interna de cada lado sobre el horno y tostar hasta que estén ligeramente dorados.

4. Armar las hamburguesas, colocando 1 cucharada de la salsa, dos cucharadas de la mezcla de tocino con la cebolla, la carne, el queso americano y el queso de cabra. Meter los panecillos al horno y calentar hasta que se derrita el queso (entre 2-4 minutos). Una vez que estén listos, agregar una cucharada de salsa al panecillo y cubrir.

pastas y pizzas

ROLLOS DE
lasaña con pollo en salsa Alfredo

🕐 Preparación 15 min
Cocción 45 min
Tiempo total 60 min
👤 5 porciones

Fideos de lasaña cremosos y deliciosos rellenos con una mezcla de pollo, es todo lo que amamos de la lasaña tradicional, simplemente enrollados y no en capas, en una fuente para horno. La cremosa salsa Alfredo mezclada con el pollo desmenuzado y el queso ricotta y mozzarella, hacen que esta receta sea simple y fácil de preparar, pero también con un gran sabor. Estos rollitos son la receta perfecta para preparar en el almuerzo o en la cena.

INGREDIENTES

PARA LA SALSA:
- 1 taza de mantequilla amarilla sin sal
- 1 ½ taza de crema batida espesa o crema de leche
- 1 taza de caldo de pollo
- 2 cucharaditas de ajo picado
- ½ cucharadita de orégano seco
- ½ cucharadita de perejil seco
- ½ cucharadita de sal y más si desea
- ¼ cucharadita pimienta o más
- 2 tazas de queso parmesano rallado

PARA LA LASAÑA:
- 10 fideos de lasaña
- 3 tazas de pollo, cocido y desmenuzado (usar caldo en la salsa)
- 16 onzas de queso *ricotta*
- 1 cucharadita de sal
- 1 cucharadita de tomillo
- 1 cucharadita de romero
- 1 cucharadita de orégano
- 1 cucharadita de perejil
- 1 barra de mantequilla sin sal
- ½ cucharadita de cebolla en polvo
- 1 cucharadita de ajo en polvo
- 2 tazas de queso *mozzarella* rallado
- 2 taza de queso parmesano rallado
- 2 tazas de queso *mozzarella*
- 30 gramos de albahaca fresca picada

PARA SERVIR:
- Queso parmesano rallado
- Albahaca fresca
- Hojuelas de pimiento rojo

INSTRUCCIONES

PARA LA SALSA:

1. En una sartén caliente, agregar la mantequilla y el ajo. Cocinar por dos minutos e ir revolviendo lentamente. Añadir la crema y el caldo de pollo a la sartén. Cocinar a fuego lento durante 2 minutos.

2. Agregar las hierbas, la sal y la pimienta durante un minuto. Incorporar el queso parmesano y revolver hasta que se derrita.

PARA LA PASTA:

1. En una olla profunda, verter el agua, una cucharada de sal, aceite de oliva, un diente de ajo. Añadir los fideos de lasaña y cocinar según las instrucciones del paquete hasta que estén *al dente*.

2. Drenar el agua de la olla. Reservar una taza o dos. Colocar los fideos en una superficie plana. (Sugiero usar un trozo de papel pergamino).

3. Precalentar el horno a 350 °F. En un tazón grande, combinar el pollo desmenuzado, la mantequilla amarilla, los dientes de ajo, el queso *ricotta*, la albahaca fresca picada, 1 taza de queso parmesano, el tomillo, romero, orégano, la sal, la cebolla en polvo, el ajo en polvo y el condimento italiano.

4. Con los fideos de lasaña sobre una superficie plana, agregar 3 onzas de la mezcla de pollo en cada fideo. Dejar ⅓ de los fideos sin salsa.

5. Cubrir la mezcla de pollo con 1-2 cucharadas de salsa Alfredo.

6. Comenzando por el final del fideo, enrollarlo, rodando hacia el extremo desnudo del mismo. Adicionar ¼ taza de salsa Alfredo al fondo de una cacerola. Colocar cada rollo de lasaña en la cacerola.

7. Esparcir la salsa Alfredo restante sobre los rollitos de lasaña. Cubrir con queso *mozzarella* rallado y queso parmesano.

8. Tapar el plato con papel de aluminio y hornear por 20 minutos. Después, retirar el papel de aluminio y continuar horneando durante 10 minutos o hasta que el queso se derrita y burbujee.

9. Servir con queso parmesano rallado, albahaca fresca hojuelas de pimiento rojo.

Disfrutar

ESPAGUETI
a la boloñesa con albóndigas

Un plato tradicional con un sabor increíble. Esta receta de pasta definitivamente es un clásico total, delicioso y súper fácil de preparar. Te explico cómo obtener las albóndigas más sabrosas y una salsa a la boloñesa con ingredientes que estoy segura que te van a fascinar la clásica comida reconfortante italiana. Estas son las tradicionales albóndigas italianas en su máxima expresión. Una mezcla de carne de res y cerdo que le da riqueza al platillo, algunas hierbas aromáticas y algo de queso los hacen sabrosos con un poco de leche que asegura que estén tiernos. Estas son exactamente las albóndigas que deseas apiladas sobre la pasta, e inclusive las puedes incluir en un sándwich crujiente.

INGREDIENTES

PARA LA PASTA:
- 500 gramos de pasta espagueti
- 1 cucharada de aceite de oliva
- 1 diente de ajo

PARA LA SALSA:
- 3 cucharadas de aceite de oliva
- 4 cucharadas de mantequilla sin sal
- 1 cebolla grande finamente picada
- 1 zanahoria grande finamente picada
- 2 latas de tomates triturados
- 2 tallos de apio finamente picados
- 3 cucharaditas de sal o al gusto
- 2 cucharaditas de pimienta negra
- 3 dientes de ajo enteros
- 300 gramos de panceta o tocino
- 2 cucharadas de romero
- 2 cucharaditas de tomillo seco
- 1 cucharadita de *peperoncino*
- 1 taza de vino tinto
- 1 taza de leche
- 3 tazas de caldo de pollo bajo en sodio
- 1 lata (28 onzas) de tomates cortados en cubitos
- 2 tazas de hojas de albahaca trituradas

PARA SERVIR:
- Queso parmesano
- Perejil o albahaca fresca picada
- Hojuelas de pimiento rojo

PARA LAS ALBÓNDIGAS:
- ¼ taza de queso parmesano finamente rallado
- ½ cebolla amarilla picada
- 2 dientes de ajo picados
- ¼ taza de hojas de perejil fresco
- 8 onzas de carne molida
- 8 onzas de carne de cerdo molida
- ½ taza de pan rallado migas de pan
- ⅓ taza de leche
- 1 huevo grande
- 1 cucharadita de sal y más al gusto
- ½ cucharadita de orégano seco
- 1 pizca de hojuelas de pimiento rojo
- ¼ cucharadita de pimienta negra recién molida y más al gusto
- 2 cucharadas de aceite de oliva
- ¼ taza de agua

INSTRUCCIONES

PARA LA SALSA:

1. Precalentar el horno a 250 grados. Envolver los dientes de ajo en papel aluminio y agregar un poco de aceite de oliva. Cocinar por 20 minutos hasta que estén dorados y suaves. Si necesita más tiempo, dejarlo 10 minutos más.

2. En una olla grande, calentar el aceite y la mantequilla (a fuego medio-bajo). Agregar la cebolla, el tocino o la panceta, la zanahoria, el apio, 1 cucharadita de sal y pimienta. Revolver hasta que esté suave (de 10-15 minutos). Añadir cinco dientes de ajo presionando sobre ellos para que solo salga lo de adentro (tendrá una forma de pasta), el romero, el tomillo, el orégano y las hojuelas de pimiento rojo. Cocinar por 5 minutos más.

3. Introducir la mezcla a una licuadora y licuar hasta que quede una salsa. Incorporar nuevamente a la olla grande.

4. Adicionar el vino y cocinar hasta que la mayor parte del líquido se evapore.

5. Incluir la leche, una taza de queso parmesano rallado y luego el caldo, la lata de los tomates, la albahaca y sazone con sal y pimienta al gusto. Llevar a ebullición, reduzca el fuego y cocinar a fuego lento por 20-30 minutos.

6. Sumar más caldo o del agua de la pasta que reservo si se seca.

PARA LAS ALBÓNDIGAS:

1. Rallar finamente ¼ taza de queso parmesano y colocarlo en un tazón grande. Picar ½ cebolla amarilla pequeña y agregar los dientes de ajos picados. Luego, picar en trozos grandes ¼ taza de hojas de perejil fresco. Añadir todo al bol. Incluir 8 onzas de carne molida, 8 onzas de carne molida de cerdo, ½ taza de migas de pan, ⅓ taza de leche, 1 huevo, 1 cucharadita de sal, ½ cucharadita de orégano molido, ¼ cucharadita de pimienta negra molida y una pizca de hojuelas de pimiento rojo (opcional). Mezclar ligeramente con un tenedor hasta que se combinen.

2. Formar la mezcla en albóndigas de 1 ½ pulgada (2 cucharadas cada una). Humedecer sus manos con agua, según sea necesario, para evitar que la mezcla se pegue y colocarlas en una bandeja para hornear para que no se toquen. Debería obtenerse de 16 a 18 albóndigas.

3. Calentar 2 cucharadas de aceite de oliva en una sartén para saltear, de 12 pulgadas, de lados altos, a fuego medio-alto hasta que brille. Organizar las albóndigas en una sola capa y cocinar hasta que se doren por debajo, aproximadamente 3 minutos. Voltearlas y dorar el otro lado, unos 3 minutos más. Verter 1 frasco o 3 tazas de la salsa boloñesa y cocinar a fuego lento. Reducir la llama hasta que las albóndigas estén bien cocidas, de 5 a 10 minutos.

PARA LA PASTA:

1. En una olla grande y profunda, hervir agua con sal, aceite de oliva y un diente de ajo. Colocar la pasta y cocinar según las instrucciones del paquete.

2. Sacar una taza de agua de la cocción y reservar. Luego, escurrir la pasta.

3. Agregar la pasta a la salsa boloñesa con aproximadamente ½ taza (125 ml) del agua de la pasta reservada a fuego medio. Revolver suavemente durante 2 minutos, o hasta que la pasta absorba la salsa.

4. Dividir entre tazones. Adornar con queso parmesano, albahaca, hojuelas de pimiento rojo o perejil si se desea.

CACIO E PEPE

pasta con panceta y arúgula

Cacio e pepe se traduce literalmente como "queso y pimienta". Estos dos ingredientes generalmente se consideran componentes pequeños de un plato, pero en esta receta de pasta, ocupan un lugar central. El bocado afrutado de la pimienta recién molida es complejo, terroso, dulce y picante a la vez. Con un encantador sabor a limón, panceta crujiente y un poco de arúgula fresca tienes una mezcla de una de las pastas más deliciosas que probarás.

INGREDIENTES

- 500 gramos de la pasta de su elección
- 4 dientes de ajo enteros previamente asados con aceite de oliva
- Aceite de oliva
- Sal y pimienta al gusto
- 5 cucharadas de mantequilla amarilla derretida
- 1 cucharadita de *peperoncino*
- 1 taza de tocino o panceta picada
- 1 taza de queso parmesano
- ½ taza de queso *pecorino* fresco rallado
- 3 tazas de arúgula
- Jugo de 2-3 limones

PARA SERVIR:
- Albahaca fresca
- Queso parmesano rallado
- Pimienta negra molida
- Ralladura de limón

INSTRUCCIONES

1. En una olla grande con agua hirviendo, incluir una cucharada de sal, aceite de oliva y un diente de ajo. Cocinar la pasta *al dente* según las instrucciones del paquete. Reservar 1 taza del agua de la pasta. Luego, escurrir la pasta.

2. Mientras tanto, en una sartén grande, cocinar la panceta a fuego medio-alto hasta que esté crujiente, de 7 a 9 minutos. Rociar el aceite de oliva. Luego, presionar fuerte los ajos asados y tendrá una especie de pasta, las hojuelas de pimiento rojo. Cocinar todo por 7 minutos a fuego lento.

3. En otra sartén, agregar un poco de aceite de oliva y la pimienta negra. Cocinar por 2-3 minutos y luego añadirla a la sartén de la panceta. Continuar la cocción hasta que se hayan mezclado bien los ingredientes durante unos 10 minutos a fuego medio.

4. Bajar la temperatura del fuego a lento, sumar el jugo de limón a la sartén y la mantequilla amarilla. Luego, escurrir la pasta y revolver para cubrir. Adicionar el queso parmesano y el *pecorino*. Revolver y verter el agua de la pasta, un par de cucharadas a la vez, solo para ayudar a que el queso cubra la pasta.

5. Agregar la arúgula y revolver hasta que se marchite, aproximadamente 1 minuto. Revolver y sazonar al gusto con sal, pimienta negra y hojuelas de pimiento rojo.

6. Servir en los tazones y agregar albahaca fresca, queso parmesano rallado, pimienta negra molida o ralladura de limón.

PASTA
stroganoff

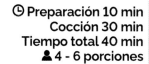

Preparación 10 min
Cocción 30 min
Tiempo total 40 min
4 - 6 porciones

Pasta stroganoff es una pasta deliciosa con bistec en salsa cremosa de vino blanco, servido sobre pasta. Es un pequeño y delicioso giro en un clásico. Simplemente siga agregando ingredientes y déjelos hervir a fuego lento y tendrá una rica y cremosa salsa de champiñones llena de sabores únicos. Esta versión se aligera con una crema de leche y caldo de res para obtener más sabor a la carne. Hay tantas variaciones diferentes para esta receta, yo en lo personal prefiero utilizar vino blanco pero mucha gente lo hace con brandi. Utilizo un poco de mostaza Dijon y pimentón, que realmente levanta el sabor de la salsa. A esto agregamos champiñones frescos y bastante queso para obtener la combinación perfecta para esta salsa deliciosa.

INGREDIENTES

- 500 gramos de la pasta de su elección
- 1 cebolla picada
- 3 dientes de ajos picados
- 100 gramos de mantequilla amarilla
- 1 libra de champiñones rebanados
- 24 onzas de filete de res cortados en cubos de 1 ½ pulgadas
- 2 cucharaditas de mostaza Dijon
- 1 cucharadita de pimentón
- ½ taza de vino blanco seco
- 2 tazas de caldo de res
- 2 cucharadas de harina
- 1 cucharada de salsa inglesa
- 1 taza de queso parmesano rallado
- Sal y pimienta para probar
- 1 taza de crema agria ligera a temperatura ambiente
- 30 gramos de perejil fresco picado

PARA SERVIR:
- Queso parmesano rallado
- Perejil fresco picado

INSTRUCCIONES

1. En una olla grande, colocar agua lo suficiente para cubrir la pasta y hervir según las instrucciones del paquete hasta que esté *al dente*. Agregar un diente de ajo, una pizca de sal y aceite de oliva. Remover, colar y reservar una taza del agua de la pasta. Dejar la pasta a un lado, agregar un poco de aceite de oliva y revolver para que no se seque.

2. Mientras la pasta hierve, en un tazón hondo, añadir el bistec, un poco de aceite de oliva, sal y pimienta. En una sartén grande y honda, derretir 3 cucharadas de mantequilla y cocinar el bistec en tandas hasta que se dore. Transferir a un plato separado y reservar hasta que todo el bistec esté listo.

3. Derretir la mantequilla restante en la sartén. Adicionar las cebollas y saltear hasta que estén transparentes. Luego, incluir el ajo y freír hasta que esté fragante. Agregar los champiñones y cocinar hasta que los champiñones estén tiernos y bien cocidos (unos 4 minutos). Mezclar la mostaza y el pimentón.

4. Agregar el vino y cocinar durante aproximadamente 3 minutos mientras revuelve ocasionalmente para mezclar todos los sabores. Desglasar la sartén mientras raspa los trozos dorados del fondo con la cuchara. Permitir que el vino se reduzca a la mitad.

5. Mientras el vino se reduce, tomar una jarra pequeña y mezclar el caldo de res, la harina y la salsa inglesa hasta que quede suave. Verter la mezcla de caldo de res en la sartén, mezclar bien y cocinar a fuego lento durante unos 5 minutos, revolviendo ocasionalmente hasta que la salsa comience a espesar.

6. Incorporar la carne y los jugos del plato a la sartén y sazonar con sal y pimienta adicionales (si se desea). Reducir el fuego a bajo y mezclar la crema de leche y el queso parmesano. Revolver y dejar por otros 10 minutos a fuego bajo.

7. Sumar la pasta a la sartén y adorne con perejil. Dividir y servir en tazones con un poco más de queso parmesano y perejil fresco.

ESPAGUETI
de camarones con chorizo

Esta pasta de camarones salteados en ajo mantecoso con un toque de albahaca, cubiertos en una deliciosa salsa marinara mezclada con una generosa cantidad de queso parmesano y la porción justa de especias le da exquisitez. Le da un toque especial añadiendo el chorizo ahumado y obtienes la perfección de las pastas. Estas carnes son una combinación clásica que realmente disfruto mucho. La salsa de tomates está llena de sabor, los camarones y el chorizo son el complemento perfecto, lo que lo hace tan elegante como fácil.

INGREDIENTES

- 400 gramos de la pasta de tu elección
- 1 cebolla amarilla mediana picada
- 4 chorizos picados en rodajas
- 4 cucharadas de mantequilla
- 4 dientes de ajo, 3 picados y 1 entero
- 1 libra o 300 gramos de camarones jumbo crudos pelados y desvenados
- 1 lata (28 onzas) de tomates enteros (con jugo)
- 1 lata (28 onzas) de tomates triturados (con jugo)
- 1 cucharada de pasta de tomate
- 1 cucharadita de orégano seco
- ¾ de cucharadita de sal
- ½ cucharadita de pimienta negra recién molida
- 3 ramitas grandes de albahaca fresca
- 1 cubito de pollo
- 2 cucharadas de perejil fresco picado
- 1 pizca de hojuela de pimiento rojo
- 1 pizca de azúcar morena
- 3 cucharadas de aceite de oliva

PARA SERVIR:
- Queso parmesano rallado
- Perejil fresco picado

INSTRUCCIONES

1. En una olla con suficiente agua para cubrir la pasta, agregar una cucharada de aceite de oliva, 1 diente de ajo y sal.

2. Cocinar la pasta *al dente* según las instrucciones del paquete. Escurrir y reservar. Reservar una taza del agua de la pasta.

3. En una sartén agregar 2 cucharadas de aceite de oliva y mantequilla amarilla a fuego medio. Derretir la mantequilla y añadir la cebolla y el ajo, sofreír por unos dos minutos. Luego, incluir los camarones con una ramita de la albahaca picada, una cucharada de perejil fresco, sal y pimienta. Saltear los camarones durante 2 minutos por un lado. Voltear y continuar salteando por el otro lado durante un minuto más. Quitar de la sartén y reservar en un plato.

4. En la misma sartén, esparcir una cucharada de mantequilla o aceite de oliva, cocinar el chorizo durante 5 minutos girando a menudo hasta que esté dorado y crujiente.

5. Incorporar la mezcla de la cebolla, el ajo y los camarones al chorizo. Agregar la lata de tomates, la pasta de tomates, la albahaca fresca picada, orégano, el perejil, azúcar, hojuelas de pimiento rojo, pimienta y sal. Dejar que la salsa se caliente durante otro minuto antes de agregar la leche (o la crema). Continuar cocinando por un minuto más o hasta que los camarones estén bien cocidos. Verter la crema de leche y cocinar por otros 2 minutos.

6. Una vez que la pasta esté cocida y escurrida, revolver con la salsa cremosa de tomate; mezclar hasta que se combinen. Sazonar con sal y pimienta adicional si se desea. Servir inmediatamente, esparciendo queso parmesano rallado y perejil fresco.

PIZZA
de *prosciutto* con peras y cebolla caramelizadas

🕐 Preparación 10 min
Cocción 20 min
Tiempo reposo 5 horas
Tiempo total 5 horas 30 min
👤 5 porciones

El prosciutto, las peras, la cebolla caramelizada, el queso de cabra y la arúgula, son los ingredientes que hacen que esta pizza quede totalmente deliciosa y muy satisfactoria. Esta receta es una explosión de sabores entre dulce y salado que obtenemos por la mezcla de ingredientes. Además, recibe un pequeño toque ácido por la reducción balsámica que esparcimos al final, para obtener una combinación de sabores inusual pero absolutamente deliciosa.

INGREDIENTES

PARA LA MASA:
- 7 tazas de harina (875 gramos)
- 4 cucharaditas de sal
- ½ cucharadita de levadura seca activa
- 3 tazas de agua (750 ml), del tiempo (más 1-2 cucharadas según sea necesario)
- 4 cucharadas de harina de maíz, o sémola, para la cáscara de *pizza*
- Harina extra, para dar forma

PARA LA REDUCCIÓN BALSÁMICA:
- ¼ taza de vino tinto
- 2 tazas de vinagre balsámico
- ½ taza de azúcar morena

PARA LA *PIZZA*:
- 1 pera grande, madura pero firme, sin pelar, sin corazón y cortada en rodajas
- ½ de cebolla cortada en juliana
- ½ taza de queso de cabra, desmenuzado
- ½ taza de queso *mozzarella*, rallado
- 80 gramos de *prosciutto*
- 3 cucharadas de mantequilla
- 1 ½ cucharada de vinagre balsámico
- 1 cucharada de azúcar morena
- Aceite de oliva
- Sal y pimienta al gusto
- 2 cucharadas de hierbas italianas

PARA SERVIR:
- Queso parmesano rallado
- Arúgula fresca
- Hojuelas de pimiento rojo
- Reducción balsámica

INSTRUCCIONES

PARA LA MASA:

1. En un tazón muy grande, mezclar los ingredientes secos.

2. Hacer un hueco en el medio de la mezcla de harina y agregar unas cucharadas de agua. Revolver con una cuchara de madera, agregando gradualmente más y más agua hasta que la masa comience a unirse. Es posible que necesite una cucharada más o menos de agua, dependiendo de la consistencia de la masa a medida que se forma. Con las manos, asegurarse de que la masa esté bien incorporada, pero no amasar. Tener cuidado de no trabajar demasiado la masa.

3. Cubrir con una envoltura de plástico y almacenar a temperatura ambiente durante la noche (o 12 horas), hasta que duplique su tamaño y esté poroso.

4. Una vez que la masa haya subido, transferir a una superficie de trabajo limpia y enharinada. Formar una bola grande. Cortar la masa en 6 partes iguales y formar bolas doblando las esquinas sobre sí mismas.

5. Colocar las bolas de masa en una bandeja para hornear enharinada, espolvoree con harina y cubra con una toalla húmeda durante aproximadamente 30 minutos a una hora.

PARA LA REDUCCIÓN BALSÁMICA:

Hacer la reducción balsámica de vino tinto combinando el vinagre balsámico y la azúcar morena en una sartén a fuego medio. Llevar a ebullición a fuego medio-alto. Luego, reducir el fuego a lento y cocinar hasta que se reduzca y espese. Retirar a un frasco pequeño y reservar hasta que se necesite. (Refrigerar el glaseado sobrante).

PARA CARAMELIZAR CEBOLLA Y PERAS:

1. En una sartén a fuego lento, derretir la mantequilla y luego agregar las cebollas en rodajas. Dejarlos calentar lentamente (no saltear) durante 20-30 minutos, revolviendo una o dos veces pero no con demasiada frecuencia, hasta que estén dorados. Rociar un poco de sal y pimienta al gusto. No cubrir.

2. Cuando las cebollas se hayan dorado, adicionar el azúcar morena y el vinagre balsámico. Revolver y cocinar otros 2-3 minutos, revolviendo con frecuencia. Sumar las peras y dejar otros 2-3 minutos.

PARA LA PIZZA

1. Precalentar el horno con una piedra para *pizza* dentro a 500 °F (260 °C) o a fuego lento.

2. Trabajar cada masa en un disco sobre una superficie de trabajo enharinada. Doblar los bordes de la masa y sacudirla suavemente ayudará a diluir. Tener cuidado de no rasgar la masa.

3. Colocar el disco de masa sobre una pala de *pizza* generosamente enharinada con sémola o harina de maíz. Esto evitará que se pegue. Cubre la *pizza* con una generosa capa de aceite de oliva, ajo en polvo y hierbas italianas. Agrega uniformemente el queso de cabra, queso *mozarella*, la pera, cebolla caramelizada y lascas de *proscuitto*.

4. Deslizar la *pizza* sobre la piedra y hornear durante unos 9 minutos, observando cuidadosamente para asegurarse de que no se queme. Que los bordes se quemen y estén crujientes y que el queso burbujee.

5. Dejar que la *pizza* se enfríe de 5 a 10 minutos antes de cortarla y servirla.

6. Finalmente, cubrir con albahaca, arúgula fresca y reducción balsámica al gusto.

PASTA AL PESTO

con tomates *cherry* y arúgula

⏱ Preparación 10 min
Cocción 20 min
Tiempo total 30 min
👤 4 - 6 porciones

La pasta de pesto con perlas de mozzarella, tomates cherry y albahaca dulce, es un plato vegetariano delicioso y ligero. Sírvelo solo o cúbrelo con pollo cargado de salsa pesto que es perfecto para una comida más sustanciosa. El pesto casero es tan fresco hecho a base de albahaca, piñones, queso parmesano, ajo y aceite de oliva que añaden un gran sabor a la pasta.

INGREDIENTES

PARA EL PESTO:
- 5 a 6 onzas de hojas frescas de albahaca
- ½ taza de piñones tostados
- ½ taza de queso parmesano rallado
- 2 cucharadas de jugo de limón
- 1 a 2 dientes de ajo
- ½ cucharadita de sal
- 1 cucharadita de pimienta
- ¼ a ½ taza de aceite de oliva virgen extra

PARA LA PASTA:
- 2 pechugas de pollo
- 2 cucharadas de pesto
- 2 cucharadas de orégano seco
- 1 cucharada de ajo en polvo
- 1 cucharada de cebolla en polvo
- 12 onzas de la pasta de su elección
- 9-10 onzas de tomates *cherry*
- 1 taza de arúgula
- 8 onzas de perlas de *mozzarella*
- ⅓ taza de albahaca picada en trozos grandes
- Sal y pimienta recién molida
- Aceite de oliva

INSTRUCCIONES

PARA EL PESTO CASERO:

1. Licuar la mitad de la albahaca con las nueces, el queso y el ajo. Colocar la mitad de la albahaca (alrededor de 3 tazas) en un procesador de alimentos equipado con el accesorio de cuchilla o licuadora. Verter ½ taza de piñones, ½ taza de queso parmesano, 1 a 2 dientes de ajo y ½ cucharadita de sal. Procesar o mezclar hasta que los ingredientes estén finamente picados.

2. Incluir el resto de la albahaca. Raspar los lados del tazón o la jarra y agregar las 3 tazas de albahaca restantes y el limón. Procesar o mezclar hasta que se forme una pasta uniforme, deteniéndose y raspando los lados del tazón según sea necesario.

3. Con el motor en marcha, rociar ¼ taza de aceite de oliva. Menos aceite de oliva hará una pasta buena para untar en sándwiches y *pizzas*; más, hará que la salsa sea mejor para pastas. Raspar los lados del tazón y continuar mezclando según sea necesario hasta que el aceite de oliva se emulsione en la albahaca y el pesto se vea uniforme. Probar el pesto y agregar más sal, ajo, nueces o queso según sea necesario.

PARA LA PASTA:

1. Una vez que el pesto esté hecho, en una olla grande honda, verter agua lo suficiente para cubrir la pasta. Cocerla con una pizca de sal, aceite de oliva y un diente de ajo hasta que esté *al dente* según las instrucciones del paquete. Escurrir, reservando 1 taza de agua de cocción por si se necesita luego. Transferirla a un tazón grande.

2. En un tazón, colocar el pollo, 2 cucharadas de pesto casero, 1 cucharada de orégano seco, ajo en polvo, cebolla en polvo, 2 cucharadas de aceite de oliva, sal y pimienta negra al gusto.

3. En una sartén, rociar 2 cucharadas de aceite de oliva y cocinar el pollo a fuego medio por 5-7 minutos de cada lado. Una vez esté listo, cortar el pollo en rodajas.

4. Mezclar la pasta: incluir el pesto al tazón con la pasta junto con ¼ taza del agua de cocción de la pasta. Poner más agua o aceite de oliva según sea necesario para crear una salsa sedosa.

5. Agregar la arúgula, una cucharada de orégano seco, la albahaca a la pasta junto con la mitad de la *mozzarella* y los tomates. Mezclar de nuevo hasta que se combinen.

6. Dividir la pasta entre tazones para servir y cubrir con la *mozzarella* y los tomates restantes. Adornar con arúgula adicional y aceite de oliva si se desea.

PASTA
de espinacas y alcachofas

🕐 Preparación 5 min
Cocción 20 min
Tiempo total 25 min
👤 4 - 6 porciones

Esta deliciosa receta es una mezcla entre espinaca fresca, alcachofas y una salsa hecha a base de una combinación entre queso parmesano y crema espesa. La clave es cocinar la pasta al dente y mezclarla con la salsa. Es muy cremosa y con sabores intensos, pero lo mejor de todo es que se prepara rápidamente. La salsa es deliciosa y una vez combinada con la pasta se convierte en un plato reconfortante.

INGREDIENTES

- 8 onzas de la pasta de tu elección
- 2 cucharadas de aceite de oliva
- 5 onzas de espinacas frescas picadas
- 1 taza de corazones de alcachofa marinados picados
- 8 onzas de queso crema
- 1 cucharada de ajo en polvo
- 1 cucharada de cebolla en polvo
- 2 tazas de crema espesa
- ½ taza de queso *mozzarella* rallado
- 1 taza de queso parmesano rallado
- Sal y pimienta al gusto

PARA SERVIR:
- Queso parmesano rallado
- Hojuelas de pimiento rojo

INSTRUCCIONES

1. En una olla grande honda, verter agua suficiente para cubrir la pasta. Cocinar con una pizca de sal, aceite de oliva y un diente de ajo hasta que esté *al dente*, según las instrucciones del paquete. Escurrir, reservando 1 taza de agua de cocción de la pasta por si se necesita al final y transferirla a un tazón grande.

2. Mientras se cocina la pasta, preparar la salsa. Rociar aceite de oliva en una sartén grande y calentar a fuego medio. Sumar las espinacas y cocinar hasta que se ablanden. Adicionar los corazones de alcachofas y cocinar por un minuto más. Añadir el queso crema y revolver hasta que se derrita y no queden grumos.

3. Sazonar con el ajo en polvo, la cebolla en polvo, la sal y la pimienta. Agregar la crema espesa y el queso parmesano. Cocinar, revolviendo ocasionalmente, hasta que hierva. Incorporar el queso *mozzarella*, luego la pasta y mezclar hasta que esté cubierta uniformemente. Espolvorear con queso parmesano u hojuelas de pimiento rojo y servir mientras esté caliente.

PIZZA
de mariscos

Preparación 10 min
Cocción 20 min
Tiempo reposo 5 horas
Tiempo total 5 horas 30 min
4 - 6 porciones

Después de las hamburguesas con queso y tocino, ¡la pizza es mi grupo de alimentos favorito! Podría comer pizza todos los días del año y nunca me cansaría de ella. Esta receta de pizza de camarones y calamares al ajillo es el ejemplo perfecto de ingredientes inesperados que llevan lo ordinario a lo extraordinario. Es una delicia para los amantes de la pizza. Tiene una corteza casera deliciosamente masticable cubierta con una exquisita salsa de tomates, aceite, ajo, muchos camarones tiernos y dos quesos derretidos.

INGREDIENTES

PARA LA MASA:
- 7 tazas de harina (875 gramos)
- 4 cucharaditas de sal
- ½ cucharadita de levadura seca activa
- 3 tazas de agua (750 mililitro), del tiempo (más 1-2 cucharadas según sea necesario)
- 4 cucharadas de harina de maíz, o sémola, para la cáscara de *pizza*
- Harina, extra para dar forma

PARA LA SALSA:
- 1 cucharadita de aceite de oliva
- 1 diente de ajo, picado
- 28 onzas de tomates enteros enlatados
- 1 cucharadita de hojas de orégano seco
- 1 cucharadita de hojas secas de albahaca
- Sal y pimienta recién molida

PARA LA *PIZZA*:
- 12 camarones
- 1 taza de queso *mozzarella* rallado (4 onzas)
- ½ taza de queso *provolone* rallado (2 onzas)
- ½ libra de calamares
- ½ taza de hojas de albahaca fresca picada
- ½ cucharadita de pimienta
- 4 dientes de ajo, finamente picados
- 5 cucharadas de mantequilla amarilla
- 2 cucharadas de perejil fresco picado

PARA SERVIR:
- Albahaca o perejil fresco
- Queso parmesano
- Hojuelas de pimiento rojo
- Aceite de oliva

INSTRUCCIONES

PARA LA MASA:
1. En un tazón muy grande, mezclar los ingredientes secos.

2. Hacer un hueco en el medio de la mezcla de harina y verter unas cucharadas de agua. Revolver con una cuchara de madera, sumando gradualmente más y más agua hasta que la masa comience a unirse.

3. Con las manos, asegurarse de que la masa esté bien incorporada, pero no amasar. Tener cuidado de no trabajar demasiado la masa.

4. Cubrir con una envoltura de plástico y almacenar a temperatura ambiente durante 12 horas (o una noche), hasta que doble su tamaño y esté poroso.

5. Una vez que la masa haya subido, transferirla a una superficie de trabajo limpia y enharinada y formar una bola grande. Cortar la masa en 6 partes iguales y formar bolas de masa doblando las esquinas sobre sí mismas.

6. Colocar las bolas de masa en una bandeja para hornear enharinada, espolvorear con harina y cubrir con una toalla húmeda durante aproximadamente 30 minutos a una hora.

PARA LA SALSA:
1. Calentar el aceite de oliva en una cacerola grande a fuego medio. Adicionar el ajo y cocinar, revolviendo durante unos 45 segundos. Añadir los tomates triturados, el orégano seco y la albahaca, una pizca de sal y un poco de pimienta recién molida.

2. Llevar a ebullición, luego reducir el fuego a medio-bajo y cocinar a fuego lento hasta que espese, 20-25 minutos. Dejar enfriar por completo, antes de usar.

PARA LA *PIZZA*:
1. En una sartén agregar mantequilla amarilla, dientes de ajo, camarones y calamares. Revolver durante 4-6 minutos. Condimentar con sal y pimienta. Añadir el perejil y dejar a fuego lento por 2 minutos más. Probar la sal y dejar a un lado una vez que esté listo.

2. Precalentar el horno con una piedra para *pizza* dentro a 500 °F (260°C) o a fuego lento.

3. Trabajar cada masa en un disco sobre una superficie de trabajo enharinada. Doblar los bordes de la masa y sacudirla suavemente. Tener cuidado de no rasgar la masa.

4. Colocar el disco de masa sobre una pala de *pizza* enharinada generosamente con sémola o harina de maíz. Esto evitará que se pegue. Cubrir uniformemente con la salsa de tomate, queso *mozzarella*, queso *provolone* y los mariscos.

5. Deslizar la *pizza* sobre la piedra y hornear durante unos 9 minutos, observando con cuidado, para asegurarse de que no se queme. Buscar que los bordes se quemen y estén crujientes y que el queso burbujee.

6. Dejar que se enfríe de 5 a 10 minutos antes de cortarla. Servir la *pizza* con queso parmesano rallado, hojuelas de pimiento rojo, albahaca o perejil fresco y aceite de oliva.

Disfrutar

PASTA
cremosa de pollo a la toscana

Esta cremosa pasta de pollo toscana, toma solo 30 minutos de principio a fin. para una cena o un almuerzo rápido y fácil entre semana, que estoy segura te encantará. Tomate seco, espinaca y una salsa cremosa de queso junto con jugosas pechugas de pollo sazonadas con hierbas, mezcladas en una cama de fideos fetuccini al dente. En pocos minutos, obtienes una pasta deliciosa con ajo, llena de sabor y una comida de una sola olla que es perfecta para todos.

INGREDIENTES

PARA LA PASTA:
- 8 onzas de la pasta de tu elección
- 1 libra de pechuga de pollo deshuesada y sin piel, cortada en rodajas finas a lo largo
- 1 cucharada de aceite de oliva
- 1 diente de ajo
- ½ cucharadita de ajo en polvo
- ½ cucharadita de cebolla en polvo
- 2 cucharadas de mantequilla amarilla
- ½ cucharadita de orégano seco
- ½ cucharadita de perejil seco
- Sal y pimienta recién molida

PARA LA SALSA:
- 3 dientes de ajo picados
- 1 cucharadita de orégano seco
- ½ cucharadita de albahaca seca
- ½ cucharadita de tomillo seco
- 2 cucharadas de vino blanco
- 1 taza de queso parmesano rallado
- 2 tazas de espinacas tiernas
- ¼ taza de tomates secados envasados en aceite
- 1 cucharadita de vinagre blanco
- 1 pizca de hojuelas de pimiento rojo
- Sal y pimienta al gusto
- ½ taza de crema espesa
- ½ queso crema
- ½ taza de caldo de pollo

PARA SERVIR:
- Perejil fresco
- Albahaca fresca
- Queso parmesano
- Hojuelas de pimiento rojo

INSTRUCCIONES

1. En una olla honda, agregar agua, aceite de oliva, sal y un diente de ajo. Cocinar la pasta según las instrucciones del paquete hasta que estén *al dente*. Reservar 1 taza de agua.

2. Calentar una sartén grande a fuego medio-alto. Rebanar la pechuga de pollo en tiras gruesas y colocarlas en un tazón grande. Luego, agregar aceite, orégano, ajo en polvo, cebolla en polvo, perejil y una pizca generosa de sal y pimienta. Mezclar para cubrir las pechugas de pollo de manera uniforme.

3. En una sartén caliente agregar la mantequilla amarilla y el pollo. Cocinar cada lado durante 3-4 minutos o hasta que se forme una costra de color marrón dorado oscuro y el pollo esté completamente cocido o casi cocido (lo cocinará un par de minutos más en la salsa). Es posible que se deba cocinar en lotes según el tamaño de su sartén. Dejar de lado.

4. Rociar 1 cucharada de aceite a esa misma sartén y baje el fuego a medio-bajo. Añadir ajo, orégano, albahaca, tomillo y una pizca grande de sal y pimienta. Cocinar por 1 minuto, revolviendo frecuentemente. Verter vino blanco a la sartén y desglasearla, raspando todos los trozos deliciosos del fondo. Sumar la crema, el queso crema, el caldo de pollo, las hojuelas de pimiento rojo. Llevar a fuego lento a fuego medio-bajo.

5. Reducir la llama y cocinar suavemente a fuego lento durante 10-12 minutos, revolviendo con frecuencia. Adicionar queso parmesano y revolver hasta que se derrita. Luego, las espinacas, los tomates secados al sol y el vinagre blanco. Revolver para combinar. Sazonar al gusto con sal y pimienta.

6. Colocar el pollo en la salsa. Cubrir la sartén y cocinar a fuego lento durante 2-4 minutos o hasta que el pollo esté bien cocido. Verter la pasta a la salsa de crema y cocinar por 2-4 minutos a fuego lento. Revolver para combinar. Sazonar al gusto con sal y pimienta.

7. Servir inmediatamente, decorar con perejil fresco, albahaca, hojuelas de pimiento rojo y/o queso parmesano rallado.

platos fuertes

BROCHETAS
de pollo

Estas brochetas de pollo, son jugosas. Hechas con un adobo fácil y vegetales, están llenas de mucho sabor. Se pueden preparar con anticipación para una comida al aire libre o se pueden armar en el último minuto cuando necesites poner una comida saludable en la mesa. El pollo se marina en yogur, aceite de oliva, vinagre de vino tinto, limón, ajo y especias y se cocina. ¡Sírvelas con una salsa de yogur que es ideal para acompañaras!

INGREDIENTES

PARA LAS BROCHETAS:
- 2 libras de pechugas de pollo deshuesadas y sin piel
- ½ taza de yogur griego
- 4 dientes de ajo picados
- ¼ taza de aceite de oliva
- 1 cucharadita de ralladura de limón
- 3 cucharadas de jugo de limón fresco
- 2 cucharadas de vinagre de vino tinto
- 1 ½ cucharadita de orégano seco
- ½ cucharadita de pimentón
- 1 ½ cucharadita de sal
- ½ cucharadita de pimienta negra

INGREDIENTES SALSA DE YOGUR:
- 2 tazas de yogur griego
- 2 cucharaditas de ralladura de limón
- 3 cucharadas de jugo de limón fresco
- 1 diente de ajo picado
- 2 cucharadas de aceite de oliva
- 1 cucharada de orégano seco
- ¼ taza de eneldo fresco picado
- ¼ taza de perejil fresco picado
- 1 cucharada de alcaparras, escurridas y enjuagadas
- Una pizca de sal y pimienta

PARA SERVIR:
- Queso feta desmenuzado
- Perejil fresco picado

INSTRUCCIONES

PARA LA SALSA:

1. Mezclar todos los ingredientes (yogur, ralladura de limón, perejil, eneldo, ajo, orégano, alcaparras, aceite de oliva, sal y pimienta), en un tazón grande. Revolver y luego transferir los ingredientes a un procesador de alimentos o licuadora, si se desea.

2. Procesar hasta que quede suave. Transferir la salsa a un tazón para servir, cubrir con una envoltura de plástico y refrigerar por lo menos una hora antes de servir. Sazonar con más sal si es necesario.

PARA EL POLLO:

1. Cortar las pechugas de pollo en trozos de 1 pulgada y colocarlos en una bolsa hermética grande, un tazón o una fuente para hornear poco profunda. Dejar de lado.

2. En un tazón mediano, combinar el yogur griego, el ajo, el aceite de oliva, la ralladura de limón, el jugo de limón fresco, el vinagre de vino tinto, el orégano, el pimentón, la sal y la pimienta. Batir hasta suavizar.

3. Verter la marinada sobre el pollo y revolver para cubrir. Si se usa una bolsa, envasar la marinada y sellarla herméticamente, eliminando la mayor cantidad de aire posible. Mover el pollo, asegurándose de que esté bien cubierto. Colocar en el refrigerador y deje marinar durante 30 minutos o hasta 4 horas.

4. Retirar el pollo de la marinada y ensartar en los pinchos, aproximadamente 4 onzas de pollo por brocheta. Desechar la marinada restante.

5. Precalentar el horno a 300 °F. Asar el pollo hasta que esté completamente cocido, unos 10 minutos, volteando los pinchos cada dos minutos.

6. Retirar del horno y colocar en un plato para servir. Adorne con queso feta y eneldo fresco. Servir caliente con salsa de yogur.

Disfrutar con salsa de yogur

CHILI
con camote

Espeso, rico y sabroso. Esta receta clásica de chili es deliciosa. ¡Relleno con carne molida, una mezcla de frijoles, tomates, camote y condimentos frescos! Es fácil de preparar y solo se utiliza una olla. Este exquisito y sustancioso chili está lleno de sabor y es el favorito de la familia.

INGREDIENTES

- 2 libras de pavo molido extra magro
- 1 ½ taza de camote picado
- 1 cebolla mediana picada
- 1 cucharada de aceite de oliva
- 1 lata de tomates picados
- 2 cucharadas de chile en polvo
- 1 cucharada de ajo en polvo
- 1 cucharada de cebolla en polvo
- 1 cucharada de azúcar morena
- 1 cucharadita de comino molido
- 1 cucharadita de pimentón ahumado
- ¼ cucharadita de orégano seco
- 4 dientes de ajo picados
- 1 taza de caldo de pollo
- 1 taza de chiles verdes cortados en cubitos
- 2 latas de frijoles escurridos
- ½ taza de crema agria
- 2 hojas de laurel
- Sal y pimienta al gusto

PARA SERVIR:
- Queso fresco
- Aguacate
- Tiras de tortilla frita
- Cilantro
- Crema agria
- Cilantro

INSTRUCCIONES

1. Preparar los ingredientes. Agregar el aceite y la cebolla a una olla honda caliente a fuego medio-alto. Cocinar la cebolla y el ajo hasta que cocinen por 5 minutos.

2. Incorporar el pavo en la olla y cocinar unos 7 minutos removiendo gradualmente con una espátula. Sumar el ajo picado y revolver.

3. Pasados unos cinco minutos, incorporar los tomates, el caldo de pollo, las hojas de laurel, chile en polvo, cebolla en polvo, ajo en polvo, azúcar morena, comino, pimentón, orégano, los chiles y la lata de frijoles.

4. Una vez que el chili comience a burbujear, reducir la llama para que hierva a fuego lento. Dejar que se cocine durante una hora, revolviendo periódicamente.

5. Añadir la crema agria, agua y condimentar con sal y pimienta en caso de que sea necesario. Retirar las hojas de laurel de la olla. Servir de inmediato, agregando los ingredientes adicionales de su elección.

GEORGE RIBS
costillas de cerdo

Estas costillas, son las favoritas de mi hermano George. Hechas para chuparse los dedos de lo deliciosas que están. Las costillas tienen un toque glaseado de salsa de barbacoa, una pizca de ajo y cayena en polvo. Se cocinan a fuego lento. Resultan tan jugosos y simplemente se caen del hueso.

INGREDIENTES

PARA LAS COSTILLAS:
- 4 libras de costillas de cerdo
- 2 cucharaditas de ajo en polvo
- 1 cucharadita de cebolla en polvo
- 2 cucharaditas de pimentón
- 2 cucharaditas de sal
- 1 cucharadita de pimienta negra molida
- ½ cucharadita de comino
- 1 cucharadita cayena en polvo
- 2 cucharadas de aceite de oliva

PARA LA SALSA:
- 2 tazas (500 mililitros) de salsa barbacoa
- 3 cucharadas de ajo picado
- 2 cucharadas de azúcar morena
- 1 cucharada de miel
- 2 cucharadas de aceite de oliva
- 1 cucharada de salsa inglesa
- ½ - 1 cucharada de pimienta de cayena (opcional)
- 1 cucharadita de sal

INSTRUCCIONES

1. Precalentar el horno a 350 °F. Despegar la membrana dura que cubre la parte inferior/lado óseo de las costillas. Colocar en una bandeja para hornear o una bandeja forrada con papel de aluminio (o papel pergamino).

2. Combinar el ajo en polvo, la cebolla en polvo, el pimentón, la sal, la pimienta, el comino y la pimienta cayena. Espolvorear el condimento sobre las costillas y rociar con aceite. Frotar el condimento por todas las costillas en ambos lados. Cubrir la bandeja con papel aluminio y hornear por 2 horas.

3. Durante los últimos 5 minutos de tiempo de cocción, mezclar los ingredientes de la salsa.

4. Retirar las costillas del horno. Retirar el papel aluminio y untar la parte superior de las costillas con la mezcla de salsa barbacoa (salsa barbacoa, ajo picado, azúcar morena, miel, aceite de oliva, salsa inglesa, pimienta cayena y sal).

5. Aumentar la temperatura del horno a 450 °F. Regresar las costillas al horno, sin tapar, cubrir con un poco más de la salsa barbacoa por ambos lados y hornear por otros 10 minutos. Cambiar la configuración del horno a asar (o asar a la parrilla) a fuego medio-alto para carbonizar ligeramente y caramelizar los bordes (unos 3 minutos).

6. Dejar a un lado que reposen las costillas durante 10 minutos para permitir que los jugos vuelvan a circular en la carne antes de cortarla.

ARROZ FRITO
de carne y camarón

🕐 Preparación 10 min
Cocción 20 min
Tiempo total 30 min
👤 6 porciones

Una receta de arroz frito que es una explosión de sabores. Incluye tiras tiernas de carne, dulce, verduras, arroz crujiente y una salsa llena de sabor. Esta versión tiene lo que me gusta pensar que es un toque hawaiano debido a que incluye camarones y piña. El dulzor de esta fruta contrastado con la salsa, es simplemente perfecto. Se incorporan trozos de pimientos rojos, hongos, zanahorias y huevos revueltos para obtener textura y sabor en cada bocado.

INGREDIENTES

- 2 cucharadas de salsa de soja oscura
- 2 cucharadas de salsa de soya
- 1 cucharadita de *sriracha*
- 1 cucharada de salsa de ostras
- 1 cucharada de salsa *hoisin*
- Sal y pimienta al gusto
- 1 cucharada de ajo en polvo
- 1 cucharada de cebolla en polvo
- ½ cucharadita de aceite de sésamo tostado
- 3 cucharadas de aceite de oliva
- 8 onzas de bistec cortado en tiras de ¼ de pulgada
- 8 onzas de camarones limpios y desvenados
- ½ taza de cebolla picada pequeña
- ½ taza de zanahoria picada pequeña
- ½ taza de hongos picados
- ½ taza de pimiento rojo picado
- ½ taza de anacardos picados
- 1 taza de piña en cubos
- 1 cucharada de jengibre picado
- 1 cucharada de ajo picado
- 2 cucharadas de mantequilla amarilla
- 2 huevos grandes ligeramente batidos
- 5 tazas de arroz cocido y enfriado

PARA SERVIR
- Cebolla verde en rodajas finas
- Cilantro
- Limón

INSTRUCCIONES

1. En un tazón pequeño, hacer la salsa. Mezclar la soya oscura, la soya, la salsa de ostras, la salsa *hoisin*, la *sriracha* y el aceite de sésamo. Reservas y dejar a un lado.

2. En una sartén grande a fuego medio-alto, rociar 1 cucharada de aceite de oliva y agregar la carne de res. Cocinar el bistec hasta que se dore, de 3 a 5 minutos. Condimentar con sal, pimienta, ajo en polvo y cebolla en polvo. Añadir los camarones y revolver. Cocinar por otros 3-5 minutos. Colocar la carne y los camarones en un plato y reservar.

3. Esparcir una cucharada de aceite de oliva en la sartén y saltear la cebolla, el jengibre y el ajo hasta que se ablande y comience a dorarse, unos 2 minutos. Luego, incluir los hongos, el pimiento rojo, las zanahorias y los anacardos hasta que estén ligeramente suaves, durante 3 minutos. Después, las verduras cocidas al plato con la carne.

4. Derretir 2 cucharadas de mantequilla amarilla en la sartén y revolver el huevo ocasionalmente hasta que esté cocido, durante 1 minuto. Poner a un lado en el plato con la carne, los camarones y las verduras.

5. Sumar el aceite de oliva restante a la sartén y el arroz. Dejar reposar durante unos 2 minutos para obtener un ligero carbonizado. Revolverlo.

6. Agregar la carne cocida, los camarones, las verduras, el huevo y la piña nuevamente a la sartén. Revolver para combinar.

7. Por último, agregar la salsa y revuelva para cubrir todo. Continuar cocinando durante unos 3 minutos más para que todo se caliente y los sabores se mezclen. Se puede agregar más salsa soya y una pizca de azúcar morena si se desea. Probar el sabor y condimentar con sal y pimienta si es necesario.

8. Servir inmediatamente con cebollas verdes en rodajas, cilantro y limón.

Disfrutar

POLLO A LA
parmesana con tomates rostizados y burrata

Preparación 15 min
Cocción 30 min
Tiempo total 45 min
4 porciones

El mejor pollo parmesano con una capa deliciosamente crujiente, cubierto con tomates cherry rostizados y burrata. Los tomates cherry son jugosos, ya que se cocinan lentamente en el horno, con aceite de oliva, ajo y hierbas frescas. El proceso de tostado concentra el sabor, dando como resultado tomates intensamente agridulces con la textura abundante más maravillosa. El pollo con costra de panko, una burrata cremosa y albahaca fresca, son los ingredientes principales de este delicioso platillo.

INGREDIENTES

PARA EL POLLO:
- 2 huevos grandes
- 2 cucharadas de ajo en polvo
- 2 cucharadas de perejil fresco picado
- Sal y pimienta al gusto
- 2 pechugas de pollo grandes, cortadas a la mitad horizontalmente para hacer 4 filetes
- 1 taza de pan rallado *panko*
- ½ taza de pan rallado
- ½ taza de queso parmesano fresco rallado
- 1 cucharadita de cebolla en polvo
- 1 cucharadita de paprika
- ½ taza de aceite de oliva para freír

PARA LOS TOMATES:
- 1 ½ taza de mitades de tomate *cherry*
- 2 cucharadas de aceite de oliva
- 2 cucharadas de hierbas italianas secas
- 1 cucharada de orégano seco
- 1 cucharada de ajo en polvo
- Sal y pimienta al gusto
- 3-4 burrata

PARA SERVIR:
- Hojuelas de pimiento rojo triturado
- Pesto de albahaca
- Albahaca fresca

INSTRUCCIONES

PARA EL POLLO:

1. Precalentar el horno a 200 °C. Engrasar ligeramente una bandeja para horno con aceite en aerosol antiadherente para cocinar. Dejar de lado.

2. Batir los huevos, 1 cucharada de ajo en polvo, la cebolla, la paprika, el perejil, la sal y la pimienta en un plato hondo. Bañar el pollo en el huevo, girando para cubrir uniformemente cada filete en la mezcla. Cubrir con una envoltura de plástico y dejar marinar durante al menos 15 minutos (o toda la noche, para un sabor profundo).

3. Cuando el pollo esté listo para cocinar, mezclar las migas de pan, el queso parmesano y el ajo en polvo en un recipiente poco profundo separado. Sumergir el pollo en la mezcla de pan rallado para cubrir uniformemente.

4. Calentar el aceite en una sartén grande a fuego medio-alto hasta que esté caliente y brillante. Freír el pollo hasta que esté dorado y crujiente (alrededor de 4-5 minutos por cada lado).

5. Colocar el pollo en la bandeja preparada y hornear durante 10 minutos, o hasta que el pollo esté completamente cocido.

PARA LOS TOMATES:

1. Si se pudiera cocinar los tomates al mismo tiempo que el pollo se está cocinando, hacerlo. Cubrir una bandeja para hornear con aceite en aerosol.

2. En un tazón pequeño, mezclar el aceite de oliva, el ajo, la cebolla en polvo, el orégano, las hierbas italianas secas, hojuelas de chile rojo triturado (opcional), la sal y la pimienta.

3. Rociar la mezcla de aceite sobre los tomates y revolver para cubrir uniformemente.

4. Colocar los tomates *cherry* en una sola capa en la bandeja para horno. Hornear por 8-10 minutos.

PARA SERVIR:

En un plato agregar el pollo, los tomates y la burrata. Salpicar un poco de aceite de oliva, una pizca de pimienta negra recién molida, sal, hojuelas de pimiento rojo, albahaca fresca y pesto de la misma.

BOWL
de salmón
con salsa de mango

⏱ Preparación 25 min
Cocción 25 min
Tiempo total 50 min
👤 4 porciones

Este bowl de salmón teriyaki, es una receta fácil, llena de ingredientes ricos en nutrientes y, la salsa teriyaki casera perfecta rociada sobre filetes de salmón. Cuando el salmón está perfectamente glaseado se cubre con el arroz tierno, acompañado de una deliciosa salsa de mango con aguacate fresco. Esta receta es fácil e impresionante con un delicioso sabor ahumado y dulce.

INGREDIENTES

PARA EL SALMÓN:
- 4 (5-6 onzas) filetes de salmón
- 3 tazas de arroz integral cocido o arroz blanco (puede sustituirse por quinoa cocida o arroz de coliflor)
- ¼ taza de miel
- 4 cucharadas de azúcar morena
- 2 cucharadas de salsa *hoisin*
- 1 taza de salsa soya
- 1 cucharada de vinagre de arroz
- 1 cucharada de aceite de sésamo tostado
- 3 dientes de ajo picados
- 1 cucharadita de jengibre fresco rallado
- 1 ½ cucharada de maicena
- Sal y pimienta al gusto

PARA LA SALSA:
- 1 aguacate entero picado
- 1 taza de mango picado
- ½ cebolla verde picada
- ½ taza de cilantro
- 1-2 jalapeños en rodajas (opcional)
- Jugo de 1 limón
- 1 cucharada de aceite de oliva
- 1 cucharada de salsa soya
- 1 taza de tomates *cherry* partidos a la mitad
- Sal y pimienta al gusto

PARA SERVIR:
- Cilantro fresco picado
- Semillas de ajonjolí
- Menta fresca

PARA LA SALSA:

1. En un tazón hondo, mezclar el aguacate, mango, jalapeños, tomates *cherry*, cebolla verde, cilantro, jugo de limón, aceite de oliva, salsa soya, sal y pimienta al gusto.

2. Probar de sabor, agregar más sal o limón en caso de ser necesario. Dejar a un lado y refrigerar mientras prepara el salmón.

PARA EL SALMÓN:

1. Colocar los filetes de salmón en un plato hondo y reservar.

2. Precalentar el horno a 250. Preparar la salsa combinando la miel, el vinagre, azúcar morena, la salsa soya, la salsa *hoisin*, el aceite de sésamo, el ajo y el jengibre. Batir bien para combinar y asegurarse de que la miel esté disuelta.

3. En una bandeja para horno, poner el salmón y verter suficiente salsa sobre los filetes de salmón hasta cubrirlos y luego darles la vuelta para que queden con la piel hacia arriba. Reservar ¼ de taza de salsa.

4. Introducir la bandeja en el horno y cocinar por 15-20 minutos o hasta que el pescado se desmenuce fácilmente con un tenedor.

5. En un tazón pequeño, mezclar la maicena y 2 cucharadas de agua hasta que la maicena se disuelva y el líquido se vea blanco lechoso. Agregar el ¼ de la salsa restante a una cacerola y cocinar a fuego lento. Cuando la mezcla en la cacerola hierva a fuego lento, combinar suavemente la mezcla de maicena y volver a hervir, revolviendo ocasionalmente. Continuar calentando durante 3-4 minutos, o hasta que la salsa se haya espesado.

6. Para servir, colocar arroz en cada uno de los 4 tazones o platos poco profundos. Cubrir con salmón y ½ taza de salsa de mango con aguacate.

7. Rociar cada tazón con 2 cucharadas de salsa *teriyaki* y esparcir cebollas verdes en rodajas y semillas de sésamo, en caso de ser utilizadas.

العجينة : ١ باكيت مرجرين ¼ tap.
٢ كاس طحين + B.P. ٤ tblsp.
٢ " سكر بني ٣ بيض + la

الحشوة : ٢ باكيت عجوة مقطعة ١ كاس
١ كاس شاي + قرفة ٢ " جو

١. حضري الحشوة أولاً :
ضعي العجوة + السكر + الماء على نار هادئة حتى ...
نار فغيري عن النار . أضيفي اليها الجوز + القرفة ...

٢. حضري العجينة :
أ . اخفقي المرجرين + السكر ثم البيض + Vanille
ب . اخلطي الطحين + الملح + القرفة + B.P. ثم أ...
الى الخليط السابق وعجني ...
ج . قطعيها الى اجزاء متساوية وارجعيها ترتاح .

٣. رقي كل جزء من العجينة لوحدها ثم ضعي فيه الحـ...
ولفيه مثل Roll Swiss . غطي كل جزء بـ...
في Freezer مدة ٢.٤ ساعات أو أكثر ان شئت) .

٤. قطعيها قبل الخبز بسكينة حادة وضعيها في الفرن .

كاس زيت مشمه ٣ بيض

زبدة طرية Zero ١ بكيت بحرة

نشا جوز + B.P. + رش

يخلط الطحينه + الطلح + B.P. + الزيت + البيض

يعجه بالطماطه العجينة سهلة

* تحب ٤ قابلة للرق

تفرم العجوة بمكعبات وتوضع على نار حامية

ترفه + كاس ماء ← حتى تصبح كالعجن

تنزل عنه الماء وتترك حتى تبرد

ترص العجينة ثم تفرد عليها العجوة والجوز

تلف على شكل رولات (Swiss Roll) وتقطع

توضع في الفرن وتخبز، تقدم باردة!

HUMMUS

Preparación 25 min
Cocción 20 min
Tiempo total 45 min
👤 4 - 6 porciones

El hummus, siempre ha sido una receta familiar. Es de los platillos principales en cualquier ocasión, ya sea reuniones o cualquier evento. Es siempre imprescindible para nosotros, tenerlo en casa. Te voy a compartir cómo hacer el mejor hummus obteniendo un platillo realmente cremoso, pero de alguna manera ligero y esponjoso. Gracias a la combinación de tahini, limón, jalapeño y ajo rostizado podemos lograrlo. Está adornado con paprika, aceite de oliva y perejil fresco. Me encanta tomarlo como refrigerio con palitos de vegetales y pan de pita, como aperitivo o incluso para untar en sándwiches y wraps. El hummus, es súper saludable con tantos nutrientes y lleno de proteínas de los garbanzos, por lo que también te mantiene lleno.

INGREDIENTES

PARA EL HUMMUS:
- 2 tazas de garbanzos crudos o 2 latas de garbanzos escurridos y previamente lavados
- 1 taza de jugo de limón
- 2 dientes de ajo
- 1 jalapeño sin semillas y limpio
- Sal y pimienta al gusto
- 2 cucharadas de comino
- ½ taza de *tahini*
- 2 cucharadas de aceite de oliva
- 2 a 4 cucharadas de agua helada, o más según sea necesario
- 1 cucharada de aceite de oliva virgen extra

PARA SERVIR:
- Aceite de oliva
- Zumaque molido
- Paprika
- Perejil fresco

INSTRUCCIONES

1. Si se utiliza garbanzos crudos, colocarlos en un plato hondo y cubrirlos con agua. Dejar toda la noche. Si se utiliza garbanzos de lata, escurrirlos y lavarlos 2 veces para quitar el agua de la lata.

2. Colocar los garbanzos en una cacerola mediana y cubrirlos con varias pulgadas de agua. Luego, hervir la mezcla a fuego alto. Reducir el fuego si es necesario para evitar el desbordamiento, durante unos 8 minutos, o hasta que los garbanzos se vean hinchados, se les caiga la piel y están bastante suaves. En un colador de malla fina, escurrir los garbanzos y dejarlos mojar con agua fría durante unos 30 segundos. Poner a un lado y guardar el agua de la cocción, ya que podrá ser necesaria si sale muy espeso.

3. En un procesador de alimentos, combinar el jugo de limón, el ajo, la sal, el jalapeño, el comino, la pimienta y el aceite de oliva. Procesar hasta que el ajo esté finamente picado. Luego, dejar reposar la mezcla para que el sabor del ajo se suavice, idealmente durante 10 minutos o más.

4. Agregar el *tahini* al procesador de alimentos y combinar hasta que la mezcla esté espesa y cremosa, deteniéndose para raspar cualquier *tahini* pegado a los lados y al fondo del procesador, si es necesario.

5. Mientras se hace funcionar el procesador de alimentos, rociar 2 cucharadas de agua helada. Raspar el procesador de alimentos e integrar hasta que la mezcla esté suave.

6. Añadir los garbanzos cocidos y escurridos al procesador de alimentos. Mientras se licúa, rociar el aceite de oliva. Combinar hasta que la mezcla esté súper suave, raspando los lados del procesador según sea necesario, unos 2 minutos. Sumar más agua de la reservada, a cucharadas si es necesario, para lograr una textura súper cremosa.

7. Probar y ajustar según sea necesario con sal, comino, jugo de limón o un poco más de *tahini*.

8. Raspar el hummus en un tazón o fuente para servir, cubrirlo y refrigerar durante 30 minutos o una hora.

9. Una vez que se haya enfriado, use una cuchara para crear remolinos en la parte superior. Cubrir con los ingredientes que deseé y servir. El hummus sobrante se conserva bien en el refrigerador, tapado, hasta por 1 semana.

Disfrutar

BABA GANOUSH

⊙ Preparación 35 min
Cocción 20 min
Tiempo total 55 min
👤 4 - 6 porciones

El dip del Medio Oriente, de berenjena asada mezclada con aceite de oliva, tahini de sésamo, ajo y jugo de limón, las berenjenas se carbonizan lentamente en el horno hasta que están suaves. El dip realmente es simultáneamente ahumado, sabroso, brillante y cremoso. Esta auténtica receta de baba ganoush es algo que debes probar!

INGREDIENTES

- 3 berenjenas italianas medianas, pinchadas por todas partes con un tenedor
- Jugo de un limón
- 3 dientes de ajo picados
- 3 cucharadas de *tahini*
- 1 cucharada de comino
- 1 cucharadita de paprika
- ⅓ taza de aceite de oliva
- Sal y pimienta al gusto

PARA SERVIR:

- Aceite de oliva
- Paprika
- Perejil fresco picado
- Piñones
- Granadina

INSTRUCCIONES

1. Precalentar el horno a 350. Partir las berenjenas a lo largo por la mitad. Colocarlas en una fuente cubierta de papel aluminio e introducirlas en el horno. Cocinar, volteando ocasionalmente con pinzas, hasta que las berenjenas estén completamente tiernas y bien carbonizadas por todos lados, de 20 - 25 minutos.

2. Retirar del horno y juntar el papel de aluminio, engrasando alrededor de las berenjenas para formar un paquete sellado. Dejar reposar durante 15 minutos.

3. Retirar con cuidado la pulpa suave con una cuchara grande y transferirla a un colador de malla fina colocado en un tazón grande. Una vez que haya sacado toda la berenjena, retirar los trozos sueltos de piel, carne ennegrecida y desecharlos.

4. Transferir las berenjenas a un centrifugador de ensaladas, distribuyéndolas uniformemente alrededor. Girar suavemente hasta que se extraiga todo el exceso de humedad. Desechar todos los jugos, limpiar el tazón grande y devolver la berenjena al tazón.

5. En un procesador de alimentos, poner el aceite de oliva, sal, pimienta, paprika, comino, ajos, limón y *tahini*. Procesar hasta formar una pasta suave y cremosa.

6. Agregar la mezcla del procesador de alimentos y revolver vigorosamente con un tenedor hasta que la berenjena se deshaga en una pasta áspera, durante 1 ½ minuto. Revolver constante y vigorosamente hasta formar una mezcla cremosa. Añadir más limón y sal si se desea.

7. Transferir a un tazón para servir. Cubrir el *baba ganoush* y refrigerar, durante 30 minutos a una hora.

8. Una vez que se haya enfriado, agregar los ingredientes preferidos. Servir con pan de pita o vegetales.

FOUL
m´damas

Este delicioso foul m´damas es una receta de un guiso de habas cocidas servidas con aceite de oliva y especias. También es común servir con perejil picado, ajo, cebolla, jugo de limón, pimienta y otros vegetales, hierbas y especias. Algunas personas describen el foul como un cruce entre una ensalada de frijoles y un dip de frijoles. Y como tal, puedes disfrutarlo solo con una mezcla de verduras o puedes usar pita para mojar. Como muchos platillos del Medio Oriente, hay muchas formas de variar la receta y la técnica. Sin embargo, no hay una forma correcta o incorrecta de prepararlo.

INGREDIENTES

- 2 latas de habas simples (de 13 a 15 onzas cada lata)
- ½ taza de agua
- Sal y pimienta al gusto
- 1 cucharadita de comino molido
- 1 jalapeño picado
- 2 dientes de ajo picados
- 1 jugo de limón grande
- 3 cucharadas de aceite de oliva virgen
- 1 taza de perejil picado
- ¼ de tomate picado

PARA SERVIR:
- Aceite de oliva extra virgen
- Pan pita
- Aceitunas
- Vegetales frescos

INSTRUCCIONES

1. En una sartén agregar las habas y ½ taza de agua. Calentar a fuego medio-alto. Sazonar con sal, pimienta y comino. Usar un machacador de papas o un tenedor para machacar las habas.

2. En un mortero, añadir el jalapeño y el ajo. Aplastar. Verter el jugo de un limón, perejil, aceite de oliva y revolver para combinar. Sazonar con sal y pimienta según sea necesario.

3. Adicionar las habas en un tazón hondo. Verter la salsa de ajo sobre las habas. Esparcir aceite de oliva y cubrir con tomate picado, si lo desea.

4. Servir con pan de pita, verduras en rodajas y aceitunas.

Disfrutar

HOJAS DE UVA
con pipián relleno y patas de cerdo

🕐 **Preparación 1 hora**
Cocción 1:20 horas
Tiempo total 2:20 horas
👤 **6 - 8 porciones**

Al crecer, mi mamá nunca tuvo límites cuando se trataba de la cocina. Siempre era una fiesta y, de las mejores cuando se trataba de ella en la cocina. Desde que yo era muy pequeña, preparábamos esta comida con mi mamá. Me acuerdo cuando llegaba el momento de comer, decíamos lo mucho que valió la pena estar todas esas horas sentadas preparando las hojas de uva para envolver. Los dedos se nos arrugaban de tanto envolver las hojas. Ya sea una cena o almuerzo familiar, que tuviéramos invitados o amigos que nos visitaban, mi mamá siempre ofrecía un plato. Esta era la norma. Si estábamos a punto de cenar y venía un amigo, siempre decía "¡Siéntate, come con nosotros!", y "No, ¡gracias!" no era una opción, ni siquiera cuando te sentabas en la mesa y ya estabas lleno, "¡Coma, coma. Mire, solo un poquito!" y ella servía una gran cantidad en el plato. Esta receta es cercana y querida para mí, verdaderamente es un trabajo de amor.

INGREDIENTES

- 1 libra de carne molida de res
- 250 gramos de carne de cerdo molida
- 6-8 pipianes tiernos (mas si desea)
- 1 libra de patas de cerdo (opcional)
- 3 limones
- 2 naranjas agria
- 3 tomates cortados en rodajas
- 1 taza de *ghee* y un poco mas
- 1 taza de aceite de oliva y un poco más
- 1 cucharada de ajo en polvo
- 1 cucharada de cebolla en polvo
- 3 cucharadas de comino molida
- 2 cucharadas de paprika
- 4 cucharadas de cúrcuma
- Sal y pimienta al gusto
- 1 ½ taza de arroz blanco de grano corto previamente lavado y escurrido
- 1 bote de hojas de parra
- 1 taza de jugo de limón

INSTRUCCIONES

PARA LA MEZCLA DE CARNE:

1. En un tazón grande, mezclar la carne de res, de cerdo, el arroz, *ghee*, aceite de oliva, comino, paprika, ajo en polvo, cebolla en polvo, cúrcuma, sal y pimienta al gusto.

2. Verter más aceite de oliva si es necesario, cúrcuma, sal o pimienta. Debe quedar un color amarillo, brillante y muy fácil de manejar.

PARA LAS HOJAS DE UVA:

1. Escurrir las hojas de parra y sumergirlas en una olla grande con agua. Hervir por 10-15 minutos, hasta que estén suficientemente suaves.

2. Separar suavemente y lavar las hojas individualmente. Apilarlos en un plato y dejarlos a un lado.

3. Para rellenar y enrollar las hojas de parra, colocar una hoja de parra plana sobre una tabla de cortar, sacar una cucharadita colmada de la mezcla de arroz en el centro de la hoja de parra, y doblarla con cuidado por los lados y enrollarla como lo haría al hacer un envoltorio.

4. Repetir hasta que se haya usado todo el relleno y colocar las hojas de parra envueltas en una bandeja.

PARA LOS PIPIANES:

Los pipianes se perforan a lo largo y por el centro. Luego, se saca todo lo de adentro. Después, se rellenan con la mezcla de la carne.

PARA LAS PATAS DE CERDO:

1. En un tazón hondo, poner las patas de cerdo y sal gruesa para poder lavarla. Partir los 3 limones, las 2 naranjas agrias y exprimir el jugo sobre las patas de cerdo y dejar por 20 minutos hasta que se pierda el olor.

2. En una olla grande profunda, esparcir aceite de oliva y unas dos cucharadas de *ghee*. Cocinar por 3-6 minutos revolviendo uniformemente. Sumar agua lo suficiente para cubrirlas. Hervir a fuego medio por 10 minutos. Ir sacando la espuma que va soltando. Pasados los 10 minutos, reservar.

3. Añadir cuidadosamente en una olla honda, un poco de las hojas de parra arrugadas que no se pudieron envolver al fondo de la olla. Incorporar las patas de cerdo con cuidado, podría utilizarse una cuchara de sopa.

4. Organizar los pipianes sobre las patas de cerdo, cubrir con rodajas de tomate. Condimentar con sal y un poco del jugo de limón.

5. Colocar cuidadosamente las hojas de uva rellenas y enrolladas en filas, alternando direcciones, para cubrir completamente la circunferencia de la olla. Poner la última capa de tomate por encima de las hojas de uva. Rociar con sal y jugo de limón.

6. Dejar un plato pequeño y redondo sobre las hojas de parra en la olla para sujetarlas y evitar que floten mientras se cocinan.

7. Adicionar 5-6 tazas de agua hirviendo para cubrir por completo las hojas de parra y el plato. Luego, cubrir la olla y cocinar a fuego medio durante 30 minutos, hasta que se absorba la mayor parte del agua y el arroz esté cocido. Agregar más sal y jugo de limón sobre las hojas de parra. Después, cocinar a fuego lento durante 45 minutos adicionales.

8. Retirar del fuego y dejar enfriar sin tapar durante 30 minutos. ¡Transferir a un plato y disfrutar caliente!

MUSAKHAN

🕐 Preparación 25 min
Cocción 45 min
Tiempo total 70 min
👤 4 - 6 porciones

Una comida palestina, el musakhan, es una receta abundante, festiva y muy popular en el Medio Oriente. Los trozos de pollo con hueso sazonados y asados se sirven sobre pita, untados con cebollas especiadas y luego se cubren con piñones. Este pollo musakhan es impresionante para servir con ingredientes mínimos. No es de extrañar que sea una comida tan popular. A mi, me encanta y es de mis recetas favoritas que regularmente comemos en casa. Es un plato delicioso ,con una mezcla de condimentos que le dan un sabor diferente a la comida común.

INGREDIENTES

- 1 pollo entero cortado en partes, previamente lavado y escurrido
- 3 cucharadas de *ghee*
- Sal y pimienta al gusto
- 3 cucharadas de 7 especias (ver notas en caso no tener este condimento)
- 6 cucharadas de zumaque divididas
- 1 cucharada de ajo en polvo
- 1 cucharada de cebolla en polvo
- ½ taza de aceite de oliva
- 4 cebollas amarillas medianas picadas
- 1 taza de piñones tostados
- 6-8 panes pita
- Rodajas de limón para servir
- Perejil fresco para servir

NOTAS:

RECETA DE 7 ESPECIAS

- 1 cucharada de pimienta de Jamaica
- 1 cucharada de cilantro molido
- 1 cucharada de canela
- 1 ½ cucharadita de pimienta negra
- 1 ½ cucharadita de clavo molido
- 1 ½ cucharadita de comino
- 1 ½ cucharadita de nuez moscada molida

INSTRUCCIONES

1. Precalentar el horno a 400 °F. Cubrir una bandeja para horno con papel pergamino. Secar el pollo y colocar en un tazón. Condimentar con *ghee*, 3 cucharadas de aceite de oliva, sal, pimienta, ajo en polvo, cebolla en polvo, 3 cucharadas de zumaque, 1 ½ cucharada de la mezcla de 7 especias. Usar las manos para frotar todo en el pollo, asegurándose de que llegue debajo de la piel.

2. Hornear durante 30 minutos hasta que la piel esté crujiente y el pollo esté cocido. Probar el sabor y poner más sal o zumaque si es necesario.

3. Mientras tanto, calentar ¼ de taza de aceite de oliva en una sartén grande a fuego medio. Añadir las cebollas y cocinar, revolviendo ocasionalmente hasta que estén ligeramente doradas, aproximadamente 15 minutos.

4. Agregar las 7 especias restantes, la sal y el zumaque encima de las cebollas y continuar cocinando durante 5 minutos hasta que las especias estén fragantes. Probar el sabor y poner más sal o zumaque si lo desea.

5. Colocar los panes planos en una bandeja para hornear grande. Dividir la mezcla de cebolla entre los panes planos. Extender la mezcla, pero dejar un pequeño borde alrededor de los bordes. Organizar una pieza de pollo cocida y un poco del jugo que suelta el pollo en cada pan plano. Espolvorear los piñones.

6. Asar los panes planos hasta que los bordes comiencen a dorarse y tostarse, de 3 a 5 minutos.

7. Servir con rodajas de limón y perejil fresco, si se desea.

INSTRUCCIONES:

1. Mezclar todos los ingredientes en un tazón pequeño hasta que estén bien combinados.

2. Almacenar hasta por 6 meses en un lugar fresco y seco.

TABULÉ

El tabulé es una ensalada fresca de hierbas y bulgur, con el perejil como ingrediente número uno. Está salpicado de pepino y tomate, cortados en cubitos, con aceite de oliva y jugo de limón. Es refrescante, ligero y lleno de ingredientes saludables. El tabulé es una guarnición en los menús mediterráneos. En casa, siempre lo acompañamos con hummus, baba ganoush, falafel, queso, aceitunas... todas mis comidas favoritas. Estoy segura de que esta receta te encantará.

INGREDIENTES

- ½ taza de bulgur
- 1 taza de pepino cortado en cubitos
- 1 taza de cebollina picada
- 1 ½ taza de tomate picado
- 3 manojos medianos de perejil rizado picado
- ⅓ taza de menta fresca picada
- ⅓ taza de aceite de oliva virgen extra
- 3 a 4 cucharadas de jugo de limón, al gusto
- 1 diente de ajo mediano picado
- Sal y pimienta al gusto

INSTRUCCIONES

1. Cocinar el bulgur hasta que esté tierno según las instrucciones del paquete. Escurrir el exceso de agua y reservar para que se enfríe. Toma alrededor de 2-4 minutos cocinarlo.

2. Mientras tanto, combinar el pepino, cebollina y el tomate picado en cubitos en un tazón mediano con ½ cucharadita de sal. Revolver y dejar reposar la mezcla durante al menos 10 minutos, o hasta que esté listo para mezclar la ensalada.

3. Para preparar el perejil, cortar los tallos gruesos. Luego, picar finamente el perejil y los tallos restantes; se puede hacer a mano, pero es mucho más fácil en un procesador de alimentos. Procesar 1 manojo a la vez (debe rendir aproximadamente 1 taza picada). Transferir el perejil picado a un tazón grande para servir antes de continuar con el siguiente.

4. Añadir el bulgur enfriado, la menta fresca picada (si se usa) al tazón de perejil. Colar y desechar el jugo de pepino, cebollina y tomate que se acumule en el fondo del tazón (así, el tabulé no estará demasiado aguado). Sumar los vegetales colados al tazón.

5. En un tazón pequeño, mezclar el aceite de oliva, 3 cucharadas de jugo de limón, el ajo y una cucharadita de sal y pimienta. Verterlo en la ensalada y revolver para combinar.

6. Probar y ajustar si es necesario: agregar otra cucharada de jugo de limón para darle un toque ácido o sal para obtener un sabor más general.

7. De tener tiempo, dejar reposar la ensalada durante 15 minutos antes de servir para que los sabores se mezclen. De lo contrario, se puede servir de inmediato o enfriar para más tarde. El tabulé se mantendrá bien en el refrigerador, tapado, hasta por 4 días.

MARMAHÓN
con pollo

🕐 Preparación 15 min
Cocción 25 min
Tiempo total 40 min
👤 6 porciones

Esta receta de marmahón con pollo, es deliciosa y muy tradicional. Siempre lo preparamos en casa para una cena o almuerzo familiar. Una salsa hecha con tomates frescos, caldo de pollo, ajo y hierbas aromáticas. Lo acompañamos con un pollo crujiente que estoy segura que te encantará. Este plato es una receta increíble llena de sabor. Se adorna con un poco de perejil fresco picado para obtener un sabor delicioso. Puedes utilizar cuscús en caso de no tener marmahón.

INGREDIENTES

- 410 gramos de marmahón
- 1 litro de caldo de pollo
- Aceite de oliva
- Sal y pimienta
- 2 cucharadas de ajo en polvo
- 2 cucharadas de cebolla en polvo
- 2 cucharadas de azúcar morena
- 2 cucharadas de paprika
- 1 cebolla blanca picada
- 3 dientes de ajo picados
- 1 diente de ajo

INGREDIENTES

- 3 cucharadas de mantequilla amarilla
- 2 cucharadas de orégano seco
- 1 lata de tomates triturados (410 gramos)
- ½ taza de pasta de tomate
- 6 muslos de pollo con pierna o pechugas previamente lavadas

PARA SERVIR:
- Perejil fresco picado

INSTRUCCIONES

1. En un tazón grande, agregar las piezas de pollo, un chorro de aceite de oliva, 1 cucharada de ajo en polvo, 1 cucharada de cebolla en polvo, 1 cucharada de orégano seco, 1 cucharada de paprika, sal y pimienta al gusto. Dejar que marine mientras se hacen los siguientes pasos.

2. En una olla, verter agua lo suficiente para cocinar el marmahón de acuerdo a las instrucciones del paquete. Agregar un diente de ajo, sal y un chorro de aceite de oliva.

3. Una vez se haya cocinado el marmahón, reservar una taza de agua, y lo dejamos en un tazón grande. Añadir un poco de sal y aceite de oliva. Revolver y dejar a un lado.

4. En una olla grande, incorporar un chorro de aceite de oliva, 1 cucharada de mantequilla amarilla, la cebolla picada y los 3 dientes de ajo. Cocinar de 3-5 minutos hasta que estén fragantes. Retirar de la olla con todo (incluyendo el líquido que suelta) y se deja a un lado.

5. En la misma olla, rociar un poco de aceite de oliva y 2 cucharadas de mantequilla amarilla. Poner el pollo en la olla, y cocinar por 2-5 minutos a fuego medio. Revolver el pollo. Agregar la mezcla de la cebolla y una taza de caldo de pollo. Tapar y cocinar a fuego lento por 10 minutos.

6. Adicionar la lata de tomate, la pasta de tomate y 2 tazas más de caldo de pollo. Dejar que hierva otros 10 minutos. Condimentamos con una cucharada de ajo en polvo, cebolla en polvo, paprika, orégano seco, un poco de sal y pimienta.

7. Revolver y incluir el resto del caldo si está muy espeso. Debe quedar una especie de sopa no tan espesa. De ser necesario, sumar un poco del agua reservada del marmahón. Probar el sabor y agregar más sal y pimienta en caso de ser necesario. Dejar hervir por otros 5-7 minutos a fuego lento.

8. Dividir el marmahón en los platos, agregar cucharadas de la sopa, el pollo y un poco de perejil fresco picado. En otro platillo dividir la sopa de tomate.

REPOLLO
relleno

🕐 Preparación 40 min
Cocción 80 min
Tiempo total 120 minutos
👤 8 porciones

Malfouf mahshi o repollo relleno, de carne y arroz con una mezcla de condimentos y especias, es una delicia culinaria del mundo árabe. Los rollos de repollo están rellenos de arroz, carne de res y de cerdo molida, sazonado con hierbas y especias. Una excelente comida preparada entre semana o para una reunión especial. Este plato, recurrentemente lo preparamos en casa para almuerzo o cena especial. La belleza de los rollos de repollo, consiste en que la carne y el arroz se cocinan completamente en el repollo. Disfrutamos mucho de esta comida porque además es muy saludable y sustanciosa. El tomate y el limón le dan un toque especial al sabor del repollo.

INGREDIENTES

- 1 repollo
- 450 gramos de carne molida de res
- 225 gramos de carne molida de cerdo
- 1 taza de aceite de oliva
- 4 cucharadas de comino, sal, azafrán, cúrcuma, paprika, ajo en polvo
- Sal y pimienta al gusto
- ½ de mantequilla clarificada (ghee)
- Jugo de 2 limones
- 3 tomates cortados en rodajas
- 8 dientes de ajo cortados en rodajas

PARA SERVIR:
- Jugo de limón
- Perejil fresco picado

INSTRUCCIONES

1. En una olla grande, verter agua para hervir los repollos. Una vez esté hirviendo el agua, introducir los repollos y cocinar por 30-40 minutos o hasta que las capas estén lo suficientemente tiernas para poder envolver.

2. Mientras hierve el repollo, en un bol, integrar la carne de res, la carne de cerdo, el arroz, sal, pimienta, comino, ajo en polvo, cúrcuma, azafrán, paprika y la pimienta. Incorporar el *ghee* y el aceite de oliva. Mezclar y agregar más sal si es necesario.

3. Una vez que el repollo se haya cocido, retirar de la olla y colar el agua. Separar las hojas. Cortar los tallos grandes y duros de cada hoja.

4. Poner unas cuantas cucharadas de aceite en el fondo de una olla grande y cubrir con hojas grandes de repollo el fondo de la olla para que las hojas de repollo no se peguen y se quemen.

5. Distribuir una pequeña cantidad de relleno en cada hoja y enrollarla como un cigarro. Organizar los rollos en capas muy apretados en la olla.

6. Una vez que haya finalizado de enrollar las hojas del repollo, verter agua dentro de la olla. Debe sobrepasar la capa superior de repollo. Esparcir los dientes de ajo, sal, jugo de limón y poner una capa de tomates sobre el repollo.

7. Poner la olla a fuego medio y dejar que hierva. Luego, bajar el fuego. Colocar un plato pesado directamente sobre el repollo para asegurarse de que esté todo presionado y cubrir la olla con una tapa. Dejar que se cocine a fuego lento durante aproximadamente 60 o 90 minutos. El tiempo de cocción variará, así que se debe probar un rollo de repollo cortándolo y verificando si el arroz del interior está bien cocido. Si no, dejar que se cocine más.

8. Servir en el plato, agregar perejil fresco picado y jugo de limón si se desea.

NOTA: En caso de que sobre carne, se puede congelar y repetir la misma receta en otra ocasión.

MANSAF

Preparación 10 min
Cocción 1:40 hora
Tiempo total 1:50 hora
👤 4 porciones

Mansaf, es un delicioso plato de cordero jordano que puedes disfrutar con pan, arroz con cúrcuma y una sabrosa salsa de yogur. Es mi plato favorito que siempre preparamos en casa para ocasiones especiales. En casa, mi mamá lo preparaba mucho y de ella aprendí la receta. La salsa de yogur se verter sobre todo, y como toque final, se esparcen almendras tostadas o piñones y perejil fresco encima. Originalmente este platillo lo hacemos con una roca dura de yogur que traemos desde Palestina, a la cual se le conoce como laban jameed, es lo que define el mansaf. Laban en árabe es la palabra para yogur, y jameed significa duro, y por lo tanto, es "yogur duro"; además, es lechoso y seco. Se elabora con leche de cabra, se conserva con sal y se seca en bolas con forma de huevo. El laban se reconstituye con agua y se convierte en un caldo salado y muy sabroso.

INGREDIENTES

PARA EL *MANSAF*:
- 2 libras de carne de cordero con hueso previamente lavado y escurrido
- 1 taza de mantequilla clarificada (*ghee*)
- 1 cebolla blanca picada
- 4 dientes de ajo picados
- 2 hojas de laurel
- 1 libra de mantequilla blanca espesa o crema
- 1 libra de requesón
- 1 taza de yogur
- 1 cucharada de pimienta negra recién molida
- 1 cucharada de sal
- 4 cucharadas de azafrán
- 2 cucharadas de cúrcuma

PARA EL ARROZ:
- ⅓ taza de mantequilla clarificada (*ghee*)
- 1 cucharada de cúrcuma
- 1 cucharada de azafrán
- 1 cucharadita de canela
- 1 cucharada de pimienta negra recién molida
- 2 tazas de arroz

PARA SERVIR:
- 1 pan *baguette* cortado en trozos
- ½ taza de almendras tostadas o ½ taza de piñones tostados
- Perejil fresco picado

INSTRUCCIONES

PARA EL *MANSAF*:

1. En una olla profunda, agregar la mantequilla *ghee*, ajo picado, cebolla picada. Cocinar 5-10 minutos hasta que estén translúcidas. Incorporar el cordero a la olla y cocinar por unos minutos con la cebolla y el ajo hasta que agarre un poco de color.

2. Verter suficiente agua a la olla para cubrir la carne y llevar a ebullición. Condimentar con un poco de sal y agregar las hojas de laurel. Tapar la olla y dejar que hierva a fuego medio.

3. El cordero irá sacando espuma al momento que esté hirviendo el agua dentro de la sopa, por lo que se debe retirar la espuma usando una cuchara.

4. En una licuadora, agregar 1 taza del caldo de la sopa, un poco de requesón, la mantequilla y yogur. Licuar hasta que se disuelva toda la mezcla. Añadir a la sopa y repetir el proceso hasta que se acabe el requesón, la mantequilla y el yogur.

5. Condimentar la sopa con sal, pimienta negra, azafrán y cúrcuma. Cocinar por 1 hora o hasta que la carne esté tierna. Adicionar más agua hirviendo si es necesario. Probar la sopa y revisar si necesita más condimento. Sazonar con un poco más de azafrán y sal si se desea.

PARA EL ARROZ:

1. En una olla, poner 2 tazas de arroz, agregar la mantequilla *ghee* y los dientes de ajo. Sofreír por 4 minutos y revolver gradualmente.

2. Añadir 4 tazas de agua más *ghee* si es necesario. Condimentar con sal, pimienta recién molida, canela, azafrán y cúrcuma.

3. Llevar a ebullición. Luego, reducir a fuego lento y cocinar hasta que se haya ido toda el agua.

PARA SERVIR:

1. Tostar las almendras en una sartén con un poco de aceite de oliva.

2. Cortar el pan en trocitos y tostar hasta que esté dorado.

3. En el plato para servir, extender el arroz, agregar el pan tostado y verter un poco de la sopa. Colocar los trozos de cordero encima del arroz y verter más sopa.

4. Esparcir almendras tostadas y perejil por todo el plato.

Disfrutar

177

ENSALADA
fattoush

Esta ensalada fattoush, es fresca y brillante, hecha con verduras de temporada y cubierta con el icónico pan de pita. Perfecta para servir como una guarnición en tus comidas. Fattoush es básicamente una ensalada mediterránea que normalmente incluye lechuga, tomates, pepinos, rábanos y trozos fritos (u horneados) de pan de pita sazonado. Por lo general, también verás pimientos verdes, cebollas verdes, menta y perejil. En árabe, la palabra "fattoush" se deriva de "fatteh", que literalmente significa "migas". Esta es una receta vegana, y lo mejor es que puedes prepararla con las verduras que prefieras.

INGREDIENTES

PARA LA ENSALADA:
- 1 cabeza de lechuga romana, cortada pequeños trozos
- 1 pepino en rodajas finas
- 1 cebolla roja cortada en juliana
- 1 taza de tomates *cherry* partidos a la mitad
- 1 pimiento verde cortado en juliana
- 4 rábanos en rodajas finas
- 2-3 tazas de pan pita cortado en cubos
- ½ taza de garbanzos precocidos
- Aceitunas kalamata (opcional)
- ½ taza de granadina (opcional)
- Sumac molido
- Aceite de oliva

PARA EL ADEREZO DE LIMÓN:
- 1 taza de yogur griego
- ⅓ taza de aceite de oliva virgen extra
- ¼ taza de jugo de limón
- 1 diente de ajo grande
- 1 cucharadita de sal
- 2 cucharadas de sumac molido, depende de la intensidad que se prefiera
- 20 gramos de perejil fresco
- 20 gramos de menta fresca

PARA SERVIR:
- Perejil fresco picado o menta fresca
- Sumac
- Pimienta negra

INSTRUCCIONES

1. Preparar el aderezo de limón: mezclar todos los ingredientes en un procesador de alimentos y combinar hasta obtener una salsa cremosa. Probar el sabor y agregar más sumac o sal si se desea. Dejar de lado.

2. Precalentar el horno a 250 grados. En una fuente para horno, agregar el pan pita y verter aceite de oliva. Condimentar con sumac y una pizca de sal. Utilizando las manos, mezclar todo uniformemente. Hornear por 10-15 minutos.

3. Disponer la ensalada: combinar la lechuga romana, el pepino, la cebolla roja, los tomates, aceitunas, los garbanzos, los rábanos, el pimiento verde, la menta, perejil y la mitad de los cubos de pita en una ensaladera o tazón grande para mezclar. Rociar un poco del aderezo, luego revolver hasta que se combine uniformemente.

4. Servir inmediatamente, adornando con los cubos de pita restantes, aderezo, un poco más de sumac y pimienta negra, si se desea.

recetas rápidas

TAZÓN
de yogur con durazno y banano

Este es un desayuno o merienda rápida, saludable y lleno de energía. Un tazón de yogur con granola repleto de plátanos y duraznos caramelizados. Puedes considerarlo hasta como un postre, ya que el durazno y el banano cocidos en azúcar morena y canela le da un toque dulce.

INGREDIENTES

- 3 cucharadas de mantequilla
- 2 cucharadas de azúcar de morena
- 1 cucharadita de canela molida
- ½ taza de jugo de naranja fresco sin pulpa
- 2 cucharadas de miel
- 3 melocotones medianamente maduros, pero ligeramente firmes, en rodajas finas
- 2 plátanos medianos ligeramente firmes pelados y rebanados
- 3 tazas de yogur de griego
- 1 ½ taza de granola

INSTRUCCIONES

1. En una sartén grande a fuego medio-alto, derretir la mantequilla y luego agregar el azúcar y la canela. Añadir los duraznos a la sartén y saltear hasta que los duraznos estén ligeramente suaves, aproximadamente 2 minutos.

2. Incorporar los plátanos a la sartén y saltear 1-2 minutos más hasta que la fruta se ablande y tenga un aspecto de caramelo. Adicionar la miel y el jugo de naranja. Revolver cuidadosamente.

3. Dividir el yogur entre 4 tazones para servir y cubrir con fruta caramelizada y granola.

VERY BERRY
chia smoothie

Este delicioso smoothie de frutos rojos y chía, es una forma saludable y sabrosa de comenzar el día. Consiste en un batido de moras, fresas y chía, mezclados para crear un batido refrescante. Es una receta ideal para preparar en el desayuno o como una merienda saludable, ya que está repleto de nutrientes.

INGREDIENTES

- ½ taza de semillas de chía
- 1 ½ tazas de leche de almendras o leche preferida
- 4 cucharaditas de miel
- 1 taza con fresas, moras, frambuesas y arándanos
- 1 banano congelado
- 1 taza de hielo
- Un poco de agua según sea necesario

PARA SERVIR:
- Frutos rojos para cubrir el batido

INSTRUCCIONES

1. Colocar las semillas de chía, 1 taza de leche y la miel en un tazón o frasco grande y revolver para combinar. Dejar que las semillas de chía se asienten durante unos minutos y luego, revolver de nuevo hasta que no queden grumos y todas las semillas de chía estén flotando y su consistencia sea gelatinosa

2. Cubrir el recipiente y refrigerar durante la noche o durante al menos una hora.

3. Usar un procesador de alimentos pequeño o una licuadora. Mezclar las fresas y las frambuesa con un poco de hielo. Revolver hasta combinar. Sumar agua si es necesario.

4. En un vaso o en un tazón, integrar la mezcla de las fresas y las frambuesa. Cubrir con la mezcla de la leche y la chía. Dejar a un lado.

5. En la licuadora o procesador de alimentos, mezclar las moras, los arándanos, el banano, 2 cucharadas de miel, ½ de leche y hielo. Revolver hasta combinar. Agregar agua o leche si es necesario, para que se mezcle bien. Servirlo en el vaso y adornar con más frutos rojos, si se desea.

Disfrutar

SÁNDWICH
con pesto de aguacate

Preparación 15 min
Cocción 20 min
Tiempo total 35 min
👤 4 porciones

Los BLT son tostados, jugosos, crujientes y sabrosos. Este sándwich es espectacular, lleno de sabores, acompañado de un rebosante pesto casero de aguacate y albahaca, además de arúgula, tocino, tomate, cebolla y huevo. Los aguacates agregan una consistencia sedosa y una riqueza a esta receta. El pesto de esta receta es una variación saludable y deliciosa del clásico que utiliza aguacate maduro, hojas de albahaca, nueces, ajo, aceite de oliva y queso parmesano como ingredientes principales.

INGREDIENTES

PARA EL SÁNDWICH:
- 8 rebanadas de pan preferido
- ¼ taza mayonesa
- 8 onzas de tocino
- 2 tazas de arúgula
- 1 tomate grande en rodajas
- ½ cebolla morada cortada en juliana
- 4 huevos

PARA EL PESTO DE AGUACATE:
- 1 manojo grande de albahaca fresca
- 2 aguacates maduros
- ½ taza de queso parmesano rallado
- ½ taza de piñones
- 2 cucharadas de jugo de limón
- 3 dientes de ajo
- ½ taza de aceite de oliva
- Sal y pimienta al gusto

INSTRUCCIONES

PARA EL PESTO DE AGUACATE:

Retirar las hojas de albahaca de los tallos y agregarlas a un procesador de alimentos junto con los aguacates, queso parmesano, piñones, jugo de limón, ajo, sal y pimienta. Procesar hasta que esté finamente picado. Añadir aceite y procesar hasta formar una pasta espesa. Probar de condimento y sazoné según sea necesario. Dejar a un lado.

PARA EL SÁNDWICH:

1. En una sartén caliente, cocinar el tocino. Toma alrededor de 2-3 minutos de cada lado. Retirar el tocino de la sartén y dejar a un lado. Guardar la grasa que suelta el tocino.

2. Colar la grasa que suelta el tocino y verterla al sartén. Saltear la cebolla por 3-5 minutos. Retirar de la sartén y dejar a un lado.

3. Para armar los sándwiches, rociar un poco de aceite de oliva sobre las rebanadas de pan y colocarlo en el horno durante 1 minuto para obtener un color tostado y crujiente.

4. En el lado blando de una rebanada de pan/ tostada, untar 1 cucharada de mayonesa. En la otra rebanada de pan, untar 2 cucharadas de pesto.

5. Agregar en una rebanada de pan el tocino, la arúgula, la cebolla y el tomate. Freír los huevos hasta que la yema quede líquida o al gusto. Colocar un huevo en cada sándwich.

SÁNDWICH
de pollo con salsa habanera de mango

Nada dice "verano" como un delicioso sándwich de pollo con una salsa habanera de mango. El sándwich está repleto de sabores dulces, especiados y ligeramente picantes. El pollo marinado infunde un gran sabor gracias a la salsa picante de mango y habanero. Preparado con pollo, aguacate, arúgula y salsa de mango, es ideal para hacer en casa. Todo emparedado entre el pan de tu elección, con una costra de queso parmesano.

INGREDIENTES

PARA EL SÁNDWICH:
- ¾ libra de filetes de pollo deshuesados y sin piel
- 6 rodajas de pan de su elección
- 2 cucharadas de aceite de oliva
- 1 cucharada de mantequilla amarilla
- 1 cucharada de salsa inglesa
- 1 cucharada de ajo en polvo
- 1 cucharada de cebolla en polvo
- 1 cucharada de orégano seco
- 1 cucharada de paprika
- Sal y pimienta al gusto
- 1 aguacate triturado
- ½ taza de mango picado
- 1 taza de arúgula
- ½ taza de mayonesa
- 1 taza de queso parmesano rallado

PARA LA SALSA:
- 1 cucharadita de aceite de oliva
- 1 cebolla pequeña, picada
- 4 chiles habaneros cortados en cubitos
- 4 dientes de ajo picados
- 2-3 tazas de mango picado
- 6 onzas de pasta de tomate
- ¾ taza de vinagre de sidra de manzana
- 3 cucharadas de miel
- 1 cucharada de hojuelas de chile picante
- 1 cucharada de pimentón ahumado
- 1 cucharada de mostaza en polvo
- 1 cucharada de jengibre molido
- ½ taza de azúcar morena
- Sal y pimienta al gusto

INSTRUCCIONES

PARA LA SALSA:

1. Calentar una cacerola grande a fuego medio y rociar aceite de oliva con cebolla y chile habanero. Cocinar unos 5 minutos, o hasta que todo se ablande. Añadir el ajo y cocinar otro minuto, hasta que el ajo se vuelva fragante. Sumar los ingredientes restantes y revolver hasta que todo esté combinado (el mango, pasta de tomate, vinagre de manzana, miel, hojuelas de chile, mostaza, pimentón ahumado, jengibre, azúcar morena, sal y pimienta).

2. Llevar a ebullición. Luego, reducir el fuego y cocinar durante unos 20-30 minutos.

3. Transferir toda la mezcla a una licuadora o procesador de alimentos. Procesar hasta que quede suave. Si la salsa es demasiado espesa, diluir en ½ taza de agua o más y continuar procesando hasta obtener la consistencia preferida. Servir la salsa de inmediato o dejarla reposar un momento para permitir que los sabores se desarrollen más. Sazonar con más sal, pimienta o azúcar morena, si es necesario.

PARA EL POLLO:

1. En un tazón grande mezclar todos los ingredientes y marinar el pollo por 20 minutos (paprika, salsa inglesa, ajo en polvo, cebolla en polvo, orégano seco, sal y pimienta).

2. Calentar una sartén grande a fuego medio, rociar aceite de oliva y mantequilla amarilla. Retirar el pollo de la marinada y desecharla. Cocinar el pollo 5 minutos por cada lado para obtener un buen dorado.

3. Esparcir unas cucharadas de la salsa de mango habanera y continuar cocinando a fuego lento hasta que absorba la salsa. Agregar más salsa si se desea y continuar cocinando por 6-8 minutos más. Dejar a un lado.

PARA EL SÁNDWICH:

1. En una tostadora o en el horno, calentar el pan. En una sartén caliente, adicionar ½ taza de queso parmesano, también la tostada de pan superior. Hasta que las orillas del queso obtengan un tono café, levantar la tostada con la costra de queso. Repetir por cada sándwich, asegurándose de que cada uno lleve una tostada con costra de queso parmesano.

2. Trabajando en la tostada de pan inferior, untar una cucharada de mayonesa y colocar una capa de aguacate. Incorporar el pollo sobre el pan y rociar la salsa de mango habanera sobre el pollo.

3. Añadir la arúgula y el mango picado. Colocar la mitad superior de pan y presionar suavemente hacia abajo sobre el sándwich. Se puede poner más salsa de mango habanera si se desea.

TORTA
de papa a la sartén

🕐 **Preparación 15 min**
Cocción 20 min
Tiempo total 35 min
👤 **4 porciones**

Estas tortitas de papas con salmón ahumado es una receta deliciosa para el desayuno o el brunch que se puede preparar fácilmente con antelación. El secreto aquí es usar las papas congeladas ralladas porque el exceso de líquido que generalmente se debe exprimir de las papas frescas ya se ha ido y no es necesario descongelarlas antes de cocinarlas. Pero si este no es tu caso, te enseñaré cómo hacerlo sin haber congelado las papas. Servir con salmón ahumado y una deliciosa salsa de queso crema. Me encanta agregarle un poco de rábano picado, alcaparras, cebolla roja, eneldo y exprimir un limón para darle un toque de acidez. La mezcla de estos ingredientes agrega frescura y crujido, y el sabor salado del salmón complementa perfectamente las papas.

INGREDIENTES

PARA LA TORTA DE PAPA:
- 1 papa pelada, rallada y escurrida
- 1 camote pelado, rallado y escurrido
- ½ libra de mantequilla sin sal, derretida y clarificada, cantidad dividida
- Sal y pimienta al gusto
- 6 cucharadas de aceite para freír de su elección
- 2 huevos batidos
- ½ taza de queso parmesano
- ½ libra de salmón ahumado, en rodajas finas

PARA EL QUESO CREMA:
- Para el queso crema
- Sal y pimienta al gusto
- 3 cucharadas de cebollino picado
- 5 ramitas de eneldo picado
- 2 cucharadas de queso crema o el de su elección
- ½ taza de crema agria
- 1 cucharada de jugo de limón
- 1 cucharadita de aceite de oliva
- Sal y pimienta al gusto

PARA SERVIR:
- Ramitas de eneldo
- Rábano
- Cebolla morada en rodajas
- Alcaparras
- Pepino o pepinillos encurtidos
- Queso crema
- Limón para decorar

INSTRUCCIONES

PARA EL QUESO CREMA:

1. En un tazón hondo, mezclar los ingredientes para la salsa, la crema agria, el queso crema, eneldo, cebollino, jugo de limón, aceite de oliva, sal y pimienta al gusto.

2. Refrigerar hasta que esté lista para servir.

PARA LA TORTA DE PAPA:

1. En un tazón hondo grande, combinar las papas y el camote. Utilizar un paño de queso y agregar la mezcla de las papas. Escurrir la mayor cantidad de líquido posible de los *hash browns*.

2. Una vez haya escurrido todo el jugo, incorporar nuevamente la mezcla al tazón, agregar los 2 huevos batidos, el queso parmesano y condimentar con sal y pimienta al gusto.

3. Calentar ¼ taza de aceite en una sartén y añadir un poco de la mezcla de papas. Usando una espátula, aplanar en una capa uniforme del tamaño y la forma de una sartén. Cocinar hasta que las tortas de papa mantengan su forma y se peguen, aproximadamente 5 minutos. Verter aceite de oliva alrededor de los bordes de la sartén y cocinar hasta que la parte inferior esté dorada, de 5 a 10 minutos. Deslizar las tortas en un plato. Cubrir con un segundo plato e invertir.

4. Verter las 2 cucharadas restantes de aceite a la sartén. Volver a deslizar las papas en la sartén con el lado dorado hacia arriba. Adicionar una cucharada de mantequilla amarilla y cocinar a fuego medio hasta que el fondo esté dorado, de 7 a 8 minutos. Deslizarlo sobre una tabla de cortar o un plato. Dejar enfriar durante 10 minutos. Cubrir con salmón ahumado, eneldo, rábano, cebolla morada, alcaparras, pepino o pepinillos encurtidos, queso crema y limón para decorar. Repetir hasta acabar la mezcla.

el cuidado
de la tabla de cortar

La tabla de cortar, es una de las herramientas más subestimadas en la cocina. Mantiene tus áreas de trabajo limpias, los cuchillos afilados y las encimeras sin rayones. Más allá de la practicidad, también funciona como hermosa tabla para servir aperitivos y postres. Con poderes tan sutiles, la tabla de cortar se puede descuidar fácilmente.

Desde madera hasta mármol y plástico, descubre las mejores tablas de cortar para el trabajo, cómo cuidarlas y qué hábitos evitar.

TABLA DE MADERA

TABLA DE MÁRMOL

TABLA DE PLÁSTICO

Una tabla de cortar de madera, es como un gran par de jeans: práctica y duradera. Al igual que el hierro fundido, las tablas de madera pueden durar toda la vida con el cuidado adecuado. Si bien la madera es algo absorbente y ocasionalmente puede deformarse o agrietarse, elegir la tabla adecuada y tratarla bien valdrá la pena a largo plazo.

Sí: comprar una tabla de cortar de alta calidad (si es posible, hecha a mano) de madera dura, como el arce, que proporciona una superficie más uniforme. Las maderas más blandas desgastan los cuchillos y astillan pequeños fragmentos de madera en la comida.
No: cortar carnes o mariscos crudos en madera. El principal defecto de la madera es que es difícil de desinfectar y puede absorber y retener los olores de los alimentos. Las verduras, el pan, el queso y la fruta son los mejores candidatos.

Sí: mantener las tablas de madera secas y engrasadas con un paño suave para protegerlas del agua y los olores. Usa aceite mineral apto para alimentos o aceite de coco.
No: engrasar tu tabla de cortar con aceite vegetal. Puede volverse rancio.

Sí: limpiar tu tabla de cortar de madera con jabón suave para platos y agua tibia. Permite que la tabla de cortar se seque al aire.
No: limpiar las tablas de cortar en el lavavajillas ni las sumerjas en agua.

Si bien el mármol ofrece un fondo limpio para la fotografía de alimentos, no es el más práctico para una cocina ocupada. Los alimentos y las cuchillas afiladas se deslizan por la superficie lisa, y su gran peso es una carga para lavar y almacenar. Pero si ya tienes uno o no puedes resistir su belleza, aquí te decimos cómo usarlo:

¿PREPARAR MASAS EN TABLA DE MÁRMOL?
Sí: usar mármol para trabajar con masas para pasteles, galletas, pastas caseras y otros productos horneados porque es naturalmente antiadherente y se mantiene frío al tacto.
No: picar nada (especialmente verduras). El mármol puede dañar los cuchillos y los resbalones peligrosos pueden ocurrir fácilmente.

¿CÓMO CUIDAR UNA TABLA DE CORTAR DE MÁRMOL?
Sí: lavar el mármol a mano con un detergente lavavajillas suave y una esponja suave o un trapo. Desinfecta con una solución que contenga mitad de agua y mitad de vinagre. Demasiado ácido no es bueno para el mármol.
No: limpiar en el lavavajillas ni expongas el mármol a cambios drásticos de temperatura, que pueden causar grietas.
Hacer: ¡Muéstralo! Enfría el mármol en el refrigerador y luego utilízalo para hacer un impresionante plato de queso en tu próxima reunión. El mármol no dañará los bordes romos de los cuchillos para queso o mantequilla.

El plástico es un básico y primordial en la cocina. La superficie dura y no porosa del plástico ayuda a prevenir la contaminación cruzada con otros alimentos. También es fácil de limpiar y extremadamente duradera.

Si bien es posible que no saques una tabla de cortar de plástico para mostrar una hermosa variedad de embutidos, te encontrarás buscándola para tareas grandes y pequeñas. He aquí cómo hacer que el plástico funcione:

Hacer: tablas de plástico codificadas por colores para la seguridad alimentaria.

No: exponer las tablas de cortar de plástico (o cualquier otro utensilio de cocina de plástico) al calor. Desecha las tablas de cortar con puntos derretidos o ranuras que se vean "peludas".
Sí: colocar un paño de cocina húmedo debajo de una tabla de cortar de plástico para evitar que se deslice. Esto es especialmente útil al amasar masa.
No olvides afilar tus cuchillos. El plástico es tan duradero que puede ser duro para las cuchillas.
Sí: desinfectar la tabla después de cortar carne o mariscos crudos con una pasta de partes iguales de bicarbonato de sodio, sal y agua.

RECOMENDACIONES PARA ALMACENAR TABLAS DE CORTAR
Colocar una rejilla de plástico dentro de la puerta de un gabinete. Un revistero delgado de papelería funciona muy bien.
Instalar filas de tacos verticales en una pequeña sección de la despensa o gabinetes para sostener las tablas.
Usar ese gabinete delgado y de tamaño extraño al lado del lavavajillas u horno para el almacenamiento.

tipo de cortes
de cocina

Juliana o *Julianne*

Es el corte más conocido y popular. Se trata de un corte alargado, en tiras, de unos 6 o 7 cm de largo y menos de 1 cm de ancho aproximadamente. Se utiliza para picar vegetales para ensaladas, entremeses y sopas.

Bastones o *Batonnet*

Es un corte alargado como en Juliana, pero más basto. Se trata de un corte alargado, en tiras, de unos 6 o 7 cm de largo y 1 cm de ancho aproximadamente.
Se utiliza para cortar cebollas, pimientos, puerros, zanahorias, pepinos, y después utilizarlas de *crudités*, saltearlas en sartén o en wok. Y también es muy utilizado para hacer papas fritas.

Brunoise o brunoise fino

Se trata de un corte minucioso en dados de 1-2 mm de grosor. Consiste en cortar en juliana la hortaliza para luego cortar en minúsculos daditos.
Este tipo de corte se utiliza mucho para la preparación de vinagretas y salsas con trocitos de verdura.

Paisana

Es un corte en dados, donde se cortan las hortalizas o verduras en bastones de 1 cm de ancho aproximadamente, y después se cortan los bastones por 1 cm de ancho. El resultado serían unos cubos de 1 cm x 1 cm.
Se utiliza para papas, zanahorias, berenjenas, calabacines y muchas verduras más.

Mirepoix

Es un corte de verdura u hortaliza a dados, pero en este caso los dados no tienen que estar cortados exactamente iguales, deben tener un tamaño aproximado, pero no exacto.
Se suele utilizar para guarniciones y salsas, también sofritos o fondos de cocina, pero es mucho más común por ejemplo utilizarlo para purés.

Sifflet

El corte en *sifflets*, define a un corte en rodajas muy finas, aproximadamente de unos 2 milímetros, cortadas en oblicuo. Aunque también se puede especificar un corte en *sifflets* con otros grosores. Se aplica en verduras, como zanahoria o puerro, para dar vistosidad y sabor a guisos y asados. También pueden servir como guarnición.

Macedonia

El corte en macedonia, también conocido por su término en francés "macédoine", es otro de los cortes utilizados para vegetales, en los que se cortan en cubos de 5 milímetros.

Rondelle

El *rodelle* o rodajas es un corte esencial en gastronomía de piezas cilíndricas de 1 cm a 3 cm. Es un corte utilizado para hortalizas como los calabacines, pepinos o incluso las berenjenas para guisos, sopas, salteados y muchas otras recetas. Vichy es parecido a las rodajas, pero son más gruesas, de 2 a 3 cm. Es frecuente usar este corte para verduras en ensaladas, sobre todo la zanahoria o el pepino, pero también en verdura destinada a barbacoa o sartén en fritura.

Media Luna

Se utiliza habitualmente en vegetales cilíndricos como la zanahoria, el pepino y la calabaza. Consiste en cortar por la mitad a lo largo y después cortar rodajas, dando una forma al corte de media luna.

tips
de cocina

1. Pelar huevos duros fácilmente

Si quieres pelar fácilmente los huevos duros solo tienes que añadir una cucharada de vinagre al agua de cocción, de esta manera, el ácido ablandará la cáscara y hará que los huevos se pelen con mayor facilidad.

2. Hacer mayonesa en 1 minuto y sin cortarse

El truco para lograr que la elaboración de una mayonesa te salga perfecta y en un momento, sin tener que repetirla, es que todos los alimentos estén a la misma temperatura. Así que, si no quieres correr el riesgo de que se te corte la mayonesa, necesitarás que el huevo y el aceite estén a la misma temperatura.

3. Quitar la piel a las papas cocidas de manera fácil

Primero, al sacarlas del agua hirviendo, tienes que pasar las papas por agua muy fría durante unos 30 segundos. Después, les haces unos cortes superficiales y la piel saldrá prácticamente sola.

4. Pelar cebollas sin llorar

Para que no llores mientras cortas las cebollas, te aconsejo guardar las cebollas en el congelador unos 20 minutos antes de usarlas. De esta, manera consigues evitar ese molesto lagrimeo al cortarlas.

5. Sacar más jugo de los cítricos

Necesitas hacer jugo para añadirlo a una preparación, pero resulta que los limones o las limas están muy duros. Presiónalos con la palma de la mano haciéndolos rodar sobre una encimera y verás como le sacas el máximo jugo.

6. Mantequilla lista para untar

Si lo que necesitas es untar mantequilla, pero está hecha un bloque y tan fría que no puedes manipularla, Un truco muy útil es rallar la mantequilla encima del pan en vez de intentar untarla o cortarla y la tendrás integrada en un momento.

7. Preparar las vinagretas con antelación

Tener siempre listas en la refrigeradora las vinagretas que más te gusten, te permite utilizarlas en el momento de emplatar una comida. De esta manera, te despreocuparás de hacer en el momento los aliños de ensaladas, verdura cruda u hortalizas al vapor.

8. Quitar el amargor de las berenjenas

Las berenjenas, dependiendo del tamaño que tengan, pueden estar más o menos amargas. Para solucionarlo, échales sal cuando las cortes y déjalas reposar al menos 5 minutos, después retírales la sal con papel de cocina y ya estarán listas para cocinarlas.

9. Crear vapor en el horno

Si no tienes un horno con vapor, el mejor truco para hacer pan u otras masas en casa como un panadero profesional es echar un vaso de agua en una bandeja de horno. De esta manera, se creará vapor y las masas no se resecarán. La corteza se quedará crujiente y el interior esponjoso.

10. Apagar el horno antes de que termine de hacerse

El horno es un instrumento del equipo mayor de cocina, muy útil para realizar muchas elaboraciones. Sin embargo, cuando lo apagamos, el calor se mantiene y sigue cocinando, así que apágalo antes de tiempo y aprovecha el calor residual para acabar de cocinar los alimentos.

11. Retirar el exceso de grasa

Aquí tienes un truco de cocina muy práctico si lo que quieres es desgrasar un caldo o quitarle el exceso de grasa a una salsa, pero no tienes tiempo de enfriarlo. Coge unos cubitos de hielo envueltos en papel absorbente y pásalos por la superficie de la salsa o el caldo, ya verás como la grasa se solidificará y podrás eliminarla fácilmente con una cuchara.

12. Congelar el queso para rallarlo

Una manera fácil de rallar el queso, es meterlo en el congelador media hora antes para que sea más manejable y además evitarás perder una buena parte del queso en el interior del rallador.

13. Utilizar aceite de oliva virgen siempre

El aceite es un ingrediente muy utilizado en muchas recetas. Por eso, siempre debes tener aceite de oliva virgen para cocinar. Intenta utilizar el "aceite de oliva virgen extra", que es el más sano, ya que aguanta mejor los cambios de temperatura y resiste mejor el paso del tiempo, así no se rancia.

14. No lavar la carne antes de cocinarla

Un error muy común que se comete en cocina es lavar las carnes cuando se van a cocinar. Pero, ¿sabías que esta acción puede contaminarte la cocina?. Lavar las aves o las carnes crudas antes de cocinarlas puede propagar las bacterias sobre las superficies de la cocina, los utensilios y otros alimentos que están cerca.

15. Tapar las ollas

Cuando estás cocinando un guiso o quieres hervir agua no te olvides de ponerle la tapa a la olla, ya que de esta manera tardará menos tiempo en hacerse la comida.

tips

de conservación de alimentos

1. Conservar las hierbas aromáticas siempre frescas

La mejor manera de tener las hierbas aromáticas siempre frescas en la cocina es cortarlas, ponerlas en un contenedor de alimentos, cubrirlas con aceite de oliva y después congelarlas, ya que de esta manera la humedad del aceite favorecerá una buena conservación de las hierbas.

2. Templar los alimentos antes de guardarlos

Muchas recetas requieren que estén frías antes de servirse, como las ensaladas de pasta. Sin embargo, nunca debes meter comida caliente en la refrigeradora, ya que aumentará la temperatura y puede llegar incluso a calentar y estropear los alimentos que están cerca.

3. Congelar ajos, pimientos y cebollas troceados

Si tienes muchos ajos, cebollas o pimientos y se te van a estropear, un *tip* de aprovechamiento es trocearlos, meterlos en una bolsa hermética *zip* y al congelador. Así, cuando los necesites para hacer algún sofrito, ya los tendrás listos para usarlos y sin hacer nada.

4. Lava las verduras antes de guardarlas

Se trata no solo de que se eliminen posibles hongos y bacterias que puedan producir fermentaciones y putrefacciones, así como restos de jugos exudados donde proliferen dichos hongos. Así, aseguraremos que la verdura durará un mayor plazo. Basta con mantenerla 20 segundos bajo el chorro del agua del grifo y después secarlas bien, especialmente en las verduras de hoja.

5. Utiliza bolsas o contenedor para guardar y separar los alimentos

Siempre que podamos, utilizaremos contenedores y si no, bolsas, preferiblemente de congelación con cierre hermético, para guardar los alimentos en la refrigeradora. Así, evitaremos por un lado contaminaciones cruzadas entre los exudados de los alimentos, y por el otro, en el caso de las frutas, que se acumule el acetileno que liberan algunas y que actúa como una hormona que las hace madurar a todas antes de tiempo.

6. Haz el vacío en las bolsas

Lo ideal sería tener una máquina de vacío, pero en el caso de no disponer de una, se pueden utilizar las bolsas de congelación con cierre hermético. Un truco para quitar el aire de las bolsas, es poner el producto dentro y sumergir la bolsa en una olla llena de agua hasta casi el cierre, de modo que sea la presión del agua la que expulse el aire. Entonces cerramos y guardamos. Se puede aplicar tanto en carnes y pescado, como en verduras.

7. Congela el pescado y la carne que no vayas a consumir de inmediato

8. No llenes la refrigeradora

Eso dificulta la circulación del aire frío entre los alimentos y por tanto su enfriamiento homogéneo, de manera que tenemos más posibilidades de que se estropeen. Como norma, los distribuiremos de forma lo más homogénea posible, colocando los menos sensibles en los estantes superiores y en los de la puerta y los más perecederos en los inferiores, siempre procurando dejar espacio entre ellos.

9. Limpia y sala el pescado

Un truco para mejorar la conservación del pescado si no queremos congelarlo, es lavarlo con agua y después salarlo antes de ponerlo en una bolsa y aplicarle el vacío. De este modo, puede aguantar hasta una semana en la refrigeradora.

10. Pon la carne y el pescado siempre en la parte baja del frigorífico

Cuanto más bajos sean los estantes y cajones del frigorífico, más frío reciben, de hecho se calcula que en algunos casos la diferencia de temperaturas entre el estante superior y el inferior, así como la pared interior y la puerta, puede llegar a ser de 3 °C. Por lo tanto, carnes y pescados, muy perecederos, irán siempre en el cajón inferior.

tips
a tener en mente en la cocina

1. Tener al menos dos tablas diferentes para cortar

En la cocina es fundamental utilizar varias tablas de corte, una tabla para carnes y pescados crudos y al menos otra para verduras y frutas, y de este modo evitarás la contaminación cruzada. Además, te aconsejamos que las compres de diferentes colores para poder usar cada una con un producto determinado.

2. Adquiere una báscula de cocina

Una balanza o báscula de cocina, es un utensilio muy práctico e indispensable y especialmente cuando haces repostería, ya que con él podrás medir exactamente todos los ingredientes que vayas a usar y así no tendrás que improvisar las medidas cuando vayas a seguir una receta.

3. Despejar el espacio de trabajo antes de cocinar

Para cocinar bien, necesitas tener un espacio de trabajo despejado. Así que, retira todo lo que no vayas a utilizar, guárdalo y asegúrate de que solo tengas sobre la encimera los ingredientes y utensilios que utilizarás para preparar el plato.

4. Utiliza papel de hornear

Es necesario utilizar los elementos adecuados y no usar sustitutos como el papel aluminio, porque el papel de horno nunca se rompe (a diferencia del de aluminio) y es más eficaz para evitar que los alimentos se peguen a los recipientes.

5. Elegir bien los condimentos y especias

Si eres de los que prepara muchas verduras y hortalizas cocidas o al vapor, aquí te dejo uno de los mejores *tips* de cocina saludable. El secreto de un buen plato está en añadir algunos condimentos y especias, que harán que cualquier preparación sosa e insípida realce en sus sabores.

6. Conservar los cuchillos afilados

Uno de los *tips* de cocina rápida, es tener siempre los cuchillos bien afilados, para que puedas hacer tus preparaciones más rápido y realizar diferentes tipos de cortes de verduras para sorprender a tus comensales.

7. Emplear bolsas de cierre hermético para congelar

Las bolsas de cierre hermético, son perfectas para guardar los alimentos en el congelador, ya que nos ayudan a ahorrar espacio y les podemos sacar el máximo de aire para conseguir lo más parecido al vacío y conservar los alimentos durante más tiempo.

8. Utilizar un temporizador

Según el tipo de ingredientes que vayamos a cocinar, unos necesitarán un tiempo de preparación y otros distintos tiempos. Por eso, si estás haciendo varias cosas a la vez, un temporizador te ayudará a que siempre estés al tanto de cuánto tiempo falta para que se cocine un alimento.

9. Usar sartenes antiadherentes

Antes de empezar a preparar tus platos, asegúrate de que tus sartenes están en perfecto estado, porque con el tiempo tienden a deteriorarse y podrían quemar la comida o hacer que se peguen tus elaboraciones.

tips
para olores y manchas

1. Quitar el olor de ajo de las manos

Seguro que siempre que pelas ajos se te queda el olor pegado en las manos. Pero si quieres resolver este problema, cuando termines con los ajos, frótate las manos bajo del agua con una superficie de acero inoxidable (como la hoja del cuchillo) durante 30 segundos y verás como desaparecerá el olor a ajo.

2. Quitar el olor a los contenedores de plástico

Cuando un contenedor de plástico ha cogido olor fuerte de algún alimento, solo tienes que rellenarlo con papel de periódico arrugado, luego lo cierras con la tapa un par de días y verás como el olor desaparece.

3. Quitar las manchas de los utensilios de madera

Seguramente te habrá pasado que has hecho salsa de tomate y la cuchara de madera que has utilizado ha cogido color. Pues un *tip* de cocina fácil para quitarle el color e incluso el olor a los instrumentos de madera, es hervirlos unos minutos en agua y después dejarlos que se sequen al sol.

4. Quita la grasa con bicarbonato de sodio

Lo único que tienes que hacer es una mezcla de agua y bicarbonato de sodio en un bol o recipiente hondo. Luego, aplica la mezcla sobre la superficie que desees limpiar y frota con una esponja. Por ejemplo, puedes aplicarlo perfectamente sobre la encimera de la cocina, sea de madera maciza, mármol, formica, granito, etc.

Si lo que buscas es quitar la grasa de la parte trasera de una cazuela, deberás añadir a la mezcla la misma cantidad de vinagre blanco que de agua y dejar que la pasta resultante repose por 30 minutos antes de retirar y aclarar.

20 trucos

de cocina fácil que no sabías

1. Alcachofas blancas:
   Para evitar que las alcachofas se ennegrezcan. Después de cortarlas, colócalas en un recipiente con agua y jugo de limón.

2. Descongelar alimentos:
   Debes sacarlos el día de antes y meterlos en la refrigeradora para que se vayan descongelando poco a poco.

3. Tabla de cortar:
   Coloca debajo de la tabla un trapo húmedo para evitar que se mueva de la encimera mientras trabajas sobre ella.

4. Pelar jengibre:
   Solo tienes que rascar la raíz con una cuchara y sacarás la piel de forma sencilla, rápida y sin dejarte media pieza en el intento.

5. Arroz suelto:
   Lávalo tres veces, y cada vez que lo laves frótalo con tus manos, a la tercera vez el agua ya estará transparente y sin almidón.

6. Montar claras a punto nieve:
   Los huevos deben estar a temperatura ambiente y que no haya restos de yema, ya que esto impediría que las claras suban.

7. Conservar las aceitunas:
   Para conservar aceitunas, debes guardarlas en frascos de cristal y cubrirlas con agua y apenas una pizca de sal.

8. Carnes a la plancha:
   No hay que echarle sal hasta después de hecha porque si no la sal hará que la carne pierda sus jugos y quede seca.

9. Aderezar las ensaladas:
   Las ensaladas se aliñan en el momento de servirlas, ya que si lo hechas antes la sal hará que se deterioren antes las hojas verdes.

10. Coliflor blanca:
    Si quieres que la coliflor se mantenga blanca durante toda su cocción, añádale leche al agua donde la vas a hervir.

11. Guardar yemas sobrantes:
    Solo tienes que colocarlas en un recipiente, cubrirlas con agua y guardarlas en el frigorífico.

12. Frituras:
    Siempre que hagas frituras, debes colocarlas en papel absorbente para quitarles el exceso de aceite.

13. Latas sin terminar:
    Si abres una lata de conserva y no la acabas, no la dejes en el bote pues cogerá sabor metálico, cambia el contenido a un bote de cristal.

14. Huevos frescos:
    Para comprobar la frescura de un huevo mét*elo en un vaso con agua. Si se hunde está fresco y si flota es que tiene mucho tiempo.

15. Guardar hojas verdes:
    Los vegetales de hojas verdes para ensaladas debes guardarlos en un contenedor de alimentos y ponerle papel absorbente para quitarle la humedad.

16. Ahorrar aceite:
    Si no quieres comer con mucho aceite, compra un wok, que es una sartén cóncava que no necesita mucho aceite y cocina más rápido.

17. Cubitos de café:
    Si te sobra café no lo tires, puedes meterlo en una cubitera y hacer cubitos con él y así tendrás café con hielo.

18. Pelar uvas:
    Si lo que quieres es quitarles la piel a las uvas, el mejor truco de cocina que hay es meter el racimo 30 segundos en agua hirviendo.

19. Verduras coloridas:
    Para que las verduras mantengan un color natural cuando las cueces, tienes que sumergirlas en agua helada inmediatamente después de cocerlas.

20. Pelar ajos:
    Si tienes que pelar muchos ajos, la manera más rápida de hacerlo es meterlos 30 segundos al microondas, verás cómo la piel sale sola.

Para más contenido, escanea el código QR y síguenos en nuestras redes sociales.